LES SECRETS DE BEAUTÉ D'UNE PARISIENNE

PAR

La Marquise

DE GARCHES

PARIS
H. SIMONIS EMPIS, ÉDITEUR
2, RUE CHÉRUBINI, 2

1894

LES SECRETS DE BEAUTÉ

D'UNE PARISIENNE

ÉMILE COLIN — IMPRIMERIE DE LAGNY

MARQUISE DE GARCHES

LES SECRETS DE BEAUTÉ

D'UNE PARISIENNE

PARIS
H. SIMONIS EMPIS, ÉDITEUR
2, RUE CHÉRUBINI, 2

1894

LES SECRETS DE BEAUTÉ

D'UNE PARISIENNE

AVANT-PROPOS

Être belle, n'est-ce pas notre désir, notre envie, à toutes? Continuer à l'être, si on a eu le bonheur qu'une fée bienfaisante ait mis dans notre berceau ce don précieux? Retarder le plus possible l'approche de la vieillesse, la chasser, ou du moins l'atténuer, quand elle a mis sa patte crochue sur nos frais visages, n'est-ce pas l'idéal?

Car aimer, être aimée, être belle, c'est l'aspiration féminine. Ce livre sera un petit cours de secrets de beauté et d'hygiène. Oh! rassurez-vous, mesdames, je n'emploierai pas les mots techniques et barbares qui grossissent les choses ; je ferai simple ; puissé-je faire bien !

Notre rôle, à la plupart d'entre nous, est de plaire et de charmer ; or, plaisons et charmons, puisque c'est une partie de notre mission terrestre ; et, pour ce, appelons à la rescousse les mille et un petits *trucs* qui nous rendent plus séduisantes.

La nature ne fait jamais rien de parfait ; tel peintre de l'antiquité fut forcé de recourir à cent femmes pour obtenir la perfection rêvée ; c'est donc à nous de cultiver, d'embellir ce que nous avons de bien en notre personne, de dissimuler ce qui est défectueux.

Occupons-nous premièrement des généralités.

Posons d'abord cet axiome :

La femme qui est soucieuse de conserver sa beauté ne doit rire, pleurer et... aimer qu'à demi.

Cela vous paraît paradoxal, mais c'est ainsi ; les pleurs rougissent les paupières, font tomber les cils et donnent aux yeux l'aspect de vieux grains de raisin. Rire à bouche grande ouverte contracte les traits, fait des nids aux rides, indique leur place.

Aimer, n'est-ce pas synonyme de souffrir ? Puisque souffrir vient du mot grec : *patior, je souffre,* de là, vient « passion »... donc, concluez !

Je ne viens pas prétendre, comme *Proudhon*, que : « La beauté, c'est toute la femme »; bien loin de là, et je mets même au-dessus la grâce, le charme, le « chic » en un mot; mais, quand on en possède un tant soit peu, il faut s'en occuper, la conserver, l'entretenir avec amour, comme une fleur délicate et précieuse, et ce, sans grande perte de temps, sans grand dam à notre bourse : ce qui n'est pas à dédaigner.

Les Parisiennes ont, dans l'univers entier, une réputation de beauté, bien imméritée, je l'avoue, du côté de l'esthétique pure et des lignes classiques; mais, combien d'attraits, de piquant, de « je ne sais quoi » qui font de la Française en général, et de la Parisienne, en particulier, un être tout à fait séduisant, un « article de Paris » en un mot, qu'on ne trouve dans aucun pays.

Je m'occuperai non seulement de la beauté, mais aussi de l'hygiène; je risquerai une petite excursion dans le domaine du parfumeur, voire du pharmacien, et même, quelle audace ! dans celui du médecin.

Je m'occuperai un tantinet de toilette.

Ce dernier point aura sans doute votre approbation, chères lectrices, car, toutes nous adorons, peu ou prou, la capricieuse déesse.

Une autre divinité que nous devons également vénérer est la toute-puissante déesse *Hygie;* sans elle, pas de beauté réelle, car, pour être belle, il faut se bien porter, et l'hygiène c'est la santé !

Avant toute chose, si vous le voulez bien, nous allons nous occuper du :

DÉCOR

C'est-à-dire, du cabinet de toilette.

Le cabinet de toilette d'une jolie femme doit être spacieux ; par ses détails, il ressemblera à un laboratoire.

Voici ce que je conseille : les murs tendus d'andrinople ou d'une cretonne à fleurs gaies ; une grande toilette anglaise en pitchpin ; de chaque côté, des appliques mobiles, en nickel ; une glace tryptique.

Si on n'a pas une salle de bain spéciale, un recoin avec une baignoire, car il est bon qu'une femme, non pas se baigne, mais se *trempe* tous les jours. (Il est bien entendu que j'indique ici le détail d'un cabinet de toilette modeste, me réservant de donner la description d'un cabinet de toilette et d'une salle de bain « fin de siècle » dans un prochain volume : *Le royaume de Madame ou l'art des intérieurs élégants*).

A la fenêtre, ou aux fenêtres, quatre stores ; deux blancs, un rosé, un rouge, de façon à pouvoir tamiser la lumière, la graduer, selon votre bon plaisir.

Sur la toilette anglaise, vous alignerez les différents pots, flacons, ustensiles dont vous vous servez journellement.

Sur une tablette à part, ou sur une toilette Pompadour, falbalatée de dentelles et de rubans, vous étalerez les pièces d'acier, d'écaille, d'ivoire, les boîtes à poudre, enfin tout l'arsenal des outils de toilette.

Il faut trois houppes à poudre...

Une énorme pour le corps,

Une moyenne,

Une petite,

Une houppe molleton,

Deux vaporisateurs,

L'onglier complet,

Un jeu de peignes,

Un jeu de brosses,

Un jeu d'éponges.

Des serviettes de batiste,

Des serviettes spongieuses,

Des peignoirs éponges.

Naturellement, la baignoire doit être dissimulée par un paravent japonais ou autre, n'importe, pourvu qu'il soit amusant à l'œil.

Quelques chaises *cannées*.

Le parquet couvert de linoléum, et devant la toilette, une peau de mouton très épaisse.

Voici donc, chères lectrices, le décor placé, les accessoires au point : au rideau !

LES BAINS

> La propreté est au corps ce que l'amabilite est à l'âme.
> (LA ROCHEFOUCAULD.)

Cette maxime est à méditer sérieusement; elle est la base de la santé; partant, de la beauté; je l'ai déjà dit, mais je ne saurais trop insister sur ce point.

De notre temps, où tous les soins hygiéniques ont pénétré jusque dans les classes inférieures des villes, il n'éxiste plus guère de femmes... sales, lâchons le mot; mais, dans lés campagnes, combien encore sont ignorantes des soins du corps!

Aussi, la plupart de nos villageoises sont-elles, à trente ans, passées et flétries, tandis que la femme qui a souci d'elle-même, bat son plein. A quarante ans, une habitante du Nivernais ou de la Bretagne n'a plus d'âge; elle flotte entre cinquante et soixante-dix, tandis que la Parisienne coquette est encore une femme jeune et désirable.

Les bains sont de toute nécessité.

Les peuples anciens en avaient fait un dogme.

Les poètes les ont chantés et les courtisanes, les grandes dames, les ont raffinés.

Depuis le bain d'eau claire de la chaste Diane (le meilleur, peut-être), nous avons eu mille fantaisies abracadabrantes.

Laïs, la Corinthienne, baignait son beau corps dans de l'huile parfumée.

L'impératrice Poppée prenait des bains de lait d'ânesse.

La belle madame Tallien dépensait des sommes folles pour ses bains de fraises et framboises qui lui communiquaient une odeur exquise et peu ordinaire, n'est-ce pas?

Blanche d'Antigny, par caprice ruineux, prenait des bains de vin de Champagne.

Diane de Poitiers prenait des bains de lait, affirment certains historiens ; d'autres disent que c'étaient de simples bains d'eau pure, comme le faisait son homonyme Diane ou Phébé.

En général, je ne conseille pas de prendre fréquemment de grands bains ; ils amollissent les tissus, et un bain par quinzaine, l'hiver ; tous les huit jours, l'été, est amplement suffisant.

Passons en revue les différentes sortes de bains.

Le classique bain au son, auquel on ajoute un quart de poudre d'amidon soigneusement délayée dans une petite quantité d'eau, est excellent.

Lorsque la peau est un peu rugueuse, je conseillerai un bain assez chaud, dans lequel vous aurez fait dissoudre 500 grammes de colle de poisson.

Le bain dans lequel vous ajouterez 125 grammes d'essence de benjoin ravive l'épiderme et donne au corps un parfum délicieux.

Si on a besoin de bains sulfureux, ajoutez-y 100 grammes de sulfure de potasse.

Les bains auxquels on ajoute 125 grammes de bicarbonate de soude dissipent les démangeaisons.

Les bains aux sels de Pennès redonnent de la vitalité aux tissus.

Un bain inconnu que je préconiserai, pour en avoir fait usage moi-même, est celui-ci : un simple bain à 28 degrés centigrades dans lequel vous versez un bon litre de rhum ; cela tonifie la peau et redonne du ton à tout l'organisme, et, comme vous le voyez, est simple et peu coûteux.

Du reste, le rhum mélangé d'eau est excellent en ablution ; dans les convalescences, les suites de couches, les nombreux malaises de la femme, je conseillerai des frictions d'eau mélangée de rhum sur l'avant-bras, en appuyant un peu longtemps près de la saignée.

Lorsque vous avez pris un bain, de n'importe quelle sorte, belles lectrices, je vous engage à une rapide friction d'un alcool quelconque ; puis, remettez-vous au lit, ne fut-ce qu'un quart d'heure.

La friction resserre les tissus dilatés par l'action balnéaire et le tout petit repos achève l'œuvre de bien-être.

Je suis ennemie, pour la beauté féminine, des bains de vapeur qui ont pour effet de dilater violemment le tissu dermal ; de même, les bains alcalins trop répétés ont des inconvénients, dont le moindre est de « grisailler » les ongles ; donc, pour les premiers, il est indispensable de s'enduire le visage et les mains d'un bon cold-cream qui atténue l'action desséchante, et pour les autres, il faut, *avant de se mettre dans l'eau*, enduire les ongles d'un corps gras.

Les bains dans lesquels on verse une décoction de quinquina gris, de roses de Provins et de vinaigre fort, ont une action... comment dirai-je cela ? virginale.

Bain aromatique : espèces aromatiques, 500 grammes ; eau bouillante, 10 litres. Faire infuser pendant une heure, passer et ajouter au bain. Ce bain donne de la fermeté et de la fraîcheur à la peau.

Des bains aux ablutions, il n'y a qu'un pas ; donc, occupons-nous des ablutions.

LES ABLUTIONS

Contrairement à l'avis généralement répandu, l'eau froide est préjudiciable à la peau ; l'eau tiède et même, dans certains cas, l'eau très chaude, est ce qu'il y a de préférable.

Les *glycérines*, les *crèmes*, les *pâtes* dont on se sert sont nuisibles aux tissus qu'elles relâchent et auxquels elles finissent par donner une teinte grisâtre.

Voici, en général, ce que je conseillerai à mes lectrices et que j'emploie moi-même.

(Entre nous, je vais être lapidée par les parfumeurs qui m'en voudront à mort de ne pas préconiser tel et tel produit excellent (bien entendu), tandis que j'indique quelque chose qui ne coûte rien).

Tant pis !

Les lavages quotidiens au savon irritent l'épiderme ; il faut seulement les faire *une fois* par semaine ; d'autre part, les lavages à l'eau pure ne décrassent guère ; voici donc un petit « truc » : mettez dans un coin de votre serviette de toilette gros comme une noix de *beurre* bien frais, repliez la serviette et frottez-vous le visage en tous sens, puis, pour enlever le goût « laiterie » que le beurre communique, rincez-vous à l'eau tiède additionnée de quelques gouttes de teinture de benjoin.

Le benjoin est le remède par excellence contre les rides ; il doit être le fond de la parfumerie d'une femme élégante.

Massage pour adoucir la peau et lui enlever toute odeur.

Huile d'amandes amères. . . .	10	grammes.
Huile d'amandes douces	100	—
Baume de Tolu	2	—
Essence de citron	2	gouttes.
Essence de capejut.	2	—

Après un bain, faites-vous masser tout le corps avec cette préparation, et votre peau y gagnera fraîcheur, fermeté et parfum.

Un lavage au *thé* de temps à autre est très bon.

Une injection d'une forte décoction de thé vert dans les oreilles entretient l'acuité de l'organe (ceci peu fréquemment).

De même, pour les soins intimes de la toilette, se laver et s'injectionner au thé est meilleur que d'employer les eaux qui ont les plus belles étiquettes et qui promettent merveilles.

LES MAINS

Se laver les mains le moins souvent possible, les enduire de glycérolé d'amidon avant de se coucher, être gantée pour aller au froid ou *devant un feu vif* (l'excès en tout est un défaut), est le moyen de conserver patte blanche.

Du temps de nos mères-grands, lorsque le baise-main était à la mode, les jolies dames soignaient leurs mains bien autrement qu'à présent où le *shake-hand* banal a relégué cette coutume un peu bien précieuse, mais combien jolie! On néglige un peu trop les soins à donner aux mains.

N'ayez pas la fâcheuse habitude de serrer les poings en dormant ou de tenir la main fermée; autant que possible, tenez-la étendue; comme cela, les phalanges ne prendront pas de plis trop accentués.

Les pâtes d'amandes et le son sont favorables aux mains.

Le glycérolé d'amidon est excellent.

Lorsque les mains sont trop éprouvées, je vous conseille fortement de dormir avec des gants larges, après vous être soigneusement enduit les mains de glycérine.

On m'affirme que la recette suivante est excellente pour la blancheur des mains.

60 grammes de savon en poudre dissous dans 200 grammes d'huile d'amandes douces; ajoutez 200 grammes d'eau de Cologne et enduisez de ce mélange une paire de vieux gants larges avec lesquels vous coucherez.

Pour éviter la rudesse des mains, il faut se servir matin et soir de la composition suivante :

Vinaigre de vin blanc	37	grammes.
Alcool.	15	—
Eau de roses.	15	—
Jus de citron.	20	—

Pour vous ganter, prenez une pointure un peu *juste*, l'habitude d'être serrée donne une jolie forme à la main.

Surtout n'imitez pas ce prélat qui, fier de ses

belles mains, des mains épiscopales, en un mot, les agitait en l'air, pour faire descendre le sang, afin qu'elles fussent plus blanches.

Il faut tout un arsenal pour les mains; une lime à ongles pour les limer, car, couper les ongles les abîme; limez donc, en arrondissant soigneusement vos griffes roses, chères lectrices; puis, à l'aide du *repoussoir*, écartez la chair assez loin pour qu'on aperçoive le petit ovale blanc de la naissance de l'ongle, coupez les petites peaux mortes, frottez avec le polissoir; et, si vous n'avez pas les ongles suffisamment rosés, employez une poudre appelée « brillant-rubis » qui donne le résultat demandé.

Règle générale : il ne faut pas de fréquentes ablutions, ni pour le visage, ni pour les mains.

LE TEINT

Un teint de lis et de rose, comme disent les poètes, ou bien un teint d'une belle matité, tient souvent lieu à la femme de beauté réelle.

Combien de fois ai-je entendu dire : Madame X... est bien jolie !

— Jolie? s'empresse de répondre une bonne amie, comme il s'en trouve toujours à point nommé pour découvrir vos défauts et vos imperfections, jolie? Mais, elle a de petits yeux, un nez des moins classique, une grande bouche, les oreilles plates !

— Tiens! c'est vrai ! Enfin, elle est ravissante out de même! Elle a un si joli teint!

Et voilà une réputation de beauté établie.

Donc, il faut soigner notre teint, le conserver, 'il est beau, le modifier, s'il est défectueux.

Les beautés blondes ont à redouter l'air chaud.

Les beautés brunes, l'air froid.

Les digestions difficiles, les corsets trop serrés, sont nuisibles au teint.

Veiller trop tard fréquemment est également un écueil à éviter.

Porter une voilette est très bon.

Les coquettes Romaines avaient un tel soin de leur teint que, pour entretenir sa beauté, elles restaient au logis le visage couvert d'une pâte composée d'huile de lin et de farine de seigle; on nommait cela le *masque au mari, vultus domesticus.*

Ne jetons pas la pierre à ces coquettes; n'avons-nous pas la fâcheuse habitude de garder nos bigoudis pour notre seigneur et maître, et de réserver nos élégantes frisures pour les indifférents?

En ce moment, je réédite Gavarni, mais on n'emprunte qu'aux riches!

Une recette peu connue et excellente est celle-ci :

Lavez vous une fois par mois le visage avec un jaune *d'œuf cru ;* rincez-vous à l'eau tiède, et votre peau acquiert un éclat, une blancheur incomparables.

Dès la prime jeunesse, les mères, soucieuses de la beauté de leurs babys, doivent faire le nécessaire pour qu'ils soient aussi parfaits que possible.

Voici une recette autrichienne qui donne aux filles une « chair de noisette », comme disent les Viennois.

Il faut que la personne qui allaite l'enfant boive beaucoup de houblon et, pour la toilette et les bains du bébé, se serve d'une infusion de la même plante.

Il existe un moyen que nos grands'mères employaient et qui donne au teint une exquise fraîcheur ; c'est, c'est... comment dirai-je?

Enfin, le remède de M. de Pourceaugnac, employé journellement, et composé simplement d'eau claire tiède et d'une poignée de sel.

On préconise aussi de minces tranches de peau appliquées sur le visage pendant le sommeil ; cela enlève à merveille l'inflammation ; mais, je ne conseille pas ce remède lorsqu'on ne couche pas seule.

La peau du visage est sujette à de petites irritations ; un des meilleurs préservatifs est le tamponnement avec un linge fin trempé dans de la farine d'amidon délayée à l'eau froide, puis d'étendre une légère couche de pommade de concombre et de saupoudrer à la poudre de riz.

La poudre de riz !

Mais, c'est presque un mythe !

Il entre, dans les poudres dénommées ainsi, de tout, excepté de la farine de riz.

On y trouve de la craie, de l'albâtre, du talc, du bismuth, etc., enfin, un tas de choses qui ne sont rien moins que favorables au teint.

Voici une recette de *vraie* poudre de riz.

Lavez du riz de première qualité à plusieurs eaux : placez sur le feu avec une certaine quantité d'eau, laissez cuire jusqu'à ce qu'il ait absorbé toute l'humidité ; retirez-le du feu, étendez sur une feuille de papier blanc, faites sécher au soleil ; quand il est bien sec, pilez-le par petites quantités, réduisez en poudre impalpable, passez-le au tamis ; ajoutez un peu de carmin en poudre, afin de lui donner une teinte rosée, mettez-le en boite et figurez-vous que cette poudre de riz sort de chez le meilleur parfumeur ; vous la trouverez excellente.

Si vous désirez que cette poudre adhère, mélangez-y un peu de poudre de Lycopode.

Il existe des personnes auxquelles il monte au visage une rougeur ardente suivie de démangeaisons. Voici pour les calmer un remède très simple :

Faites bouillir dans de l'eau une forte poignée de cerfeuil ; passez au tamis et lavez-vous avec cette eau refroidie.

LES FARDS

Sont maintenant d'un usage très répandu.

Je dis maintenant, et j'ai tort, car jamais l'art de la cosmétique n'a été poussé plus loin que chez les Anciens.

Les Egyptiens, puis les Grecs, qui prisaient au plus haut degré l'amour du beau, avaient fait des fards une étude approfondie.

Les ouvrages d'Ovide, Martial, Tibulle, Catulle, Pline, Properce, etc., en font foi.

Les arts *Ornatrix et Fucatrix*, c'est-à-dire, ornements et artifices, nous font voir que les femmes romaines étaient plus raffinées que nos plus élégantes Parisiennes.

L'Histoire sainte fourmille d'exemples, nous montrant la femme cherchant dans les parures, les ornements, les fards, le moyen de rehausser ses charmes.

En France, au seizième siècle, les parfumeurs italiens contribuèrent fortement au progrès de la cosmétique ; mais, comme ces messieurs joignaient à leur art un autre art beaucoup moins anodin, pour lequel ils employaient des poisons aussi foudroyants que la strychnine et l'acide prussique, la science du parfumeur reçut un coup terrible.

Ce fut sous Louis XIV, et surtout sous Louis XV, qu'elle reparut de plus belle.

En effet, c'était un manque de décence, en ce temps-là, que de sortir sans deux pieds de rouge sur le visage.

Aujourd'hui, une femme qui se farde ne s'en vante pas; mais, du temps des belles marquises à falbalas et à paniers, on se peinturlurait le visage devant une nombreuse assistance, et les coquets petits abbés de cour suivaient de regards bénévoles les manœuvres du « petit-pot » ; c'est ainsi qu'on désignait le rouge ; et ces messieurs ne dédaignaient pas de poser du bout de leur petit doigt, bien délicatement, la mouche « friponne ou assassine », ainsi qu'on nommait l'étroit

2

carré de taffetas d'Angleterre, selon qu'on le posait au coin d'un menton troué de fossettes ou à la naissance d'une gorge ivoirine.

Les blancs se divisent en blanc solide et en blanc liquide.

Un conseil.

Avant de vous servir d'un fard quelconque, même venant de la plus grande maison, je vous engage à le faire analyser; car, la plupart contiennent des toxiques dangereux qui finissent par altérer, non seulement le satiné de la peau, mais encore l'économie de la santé.

Un exemple terrible : il y a quelques années, une cantatrice, célèbre en Allemagne, se poudra tout le corps, en sortant du bain, avec une poudre de riz payée fort cher et garantie inoffensive; *deux* heures après, la malheureuse femme mourait dans d'atroces souffrances.

Et la sœur de Rachel ?

Et tant d'autres !

Défions-nous donc des fards, et n'en usons que si notre profession nous en fait une obligation, ou si nous avons à embellir quelque partie de notre visage; mais, pour peu que nous puissions nous en passer, évitons-les.

Je dois avouer que le maquillage est tellement entré dans nos mœurs que j'aurais mauvaise grâce à le passer sous silence.

Dans le temps, les fards étaient, la plupart, à base de *céruse* et exposaient au *saturnisme*, empoisonnement par le plomb.

Un moyen pour reconnaître nous-mêmes si un fard contient de la céruse :

Une solution d'iodure de potassium lui donne une belle couleur jaune.

L'oxyde de zinc fait un bon fard blanc.

Le sous-chlorure de bismuth mélangé au talc pulvérisé avec de la glycérine, de l'axonge, du blanc de baleine, fait également un excellent fard blanc.

Il faut se méfier des fards rouges aussi bien que des autres; ils contiennent souvent des sels de mercure et d'arsenic très dangereux.

Le fard rouge le plus inoffensif se fait avec le carmin de cochenille.

Lorsque vous vous fardez, contrairement à l'usage établi, mettez d'abord le fard rouge et ensuite ajoutez le fard blanc.

Pour le théâtre, afin de se faire un visage masqué, on met le rouge au bas des joues; pour se rajeunir, au contraire, le rouge presque sous l'œil.

LES PIEDS

Le pied est un des grands charmes de la femme.

Un pied mignon a toujours été admiré et célébré.

Lorsqu'on a le bonheur de posséder un pied cendrillonnesque, il faut en être fière, car, combien rare!

Les pieds demandent donc des soins, aussi bien que les mains.

On doit tailler les ongles en *carré*, à la grecque, non en ronds ; et, si par hasard l'ongle avait des velléités de s'incarner, soulevez délicatement et mettez entre l'ongle et la peau un petit morceau d'ouate.

Il faut, pour entretenir la roseur du talon, qui est si charmante, passer la pierre ponce tous les deux jours ; comme cela, la peau ne durcit pas et on évite cette teinte jaunâtre, si désagréable à l'œil.

Une friction d'alcool est excellente pour les pieds ; cela repose après une longue marche.

Dès l'enfance, il faut s'occuper du pied.

Ce n'est pas en mettant de larges et longues chaussures qu'on fait un joli peton à nos fillettes.

Sans être gêné, le pied doit être maintenu ; car, laissé à lui-même, il s'épate et s'allonge outre mesure.

Rien de plus laid que le pied plat.

On sait que ce pied-plat, digne qu'on le confonde... etc.

Du reste, ce mot est devenu une injure.

Si la nature vous a donné un pied plat, faites-vous chausser par un cordonnier spécial qui vous fera des bottines à cambrure artificielle.

Les cors font le désespoir des coquettes ; ils défigurent un joli pied ; et, au bain de mer, par exemple, pas moyen de dissimuler les doigts de pieds ainsi abimés.

Voici la formule de Pierre Vigier qui réussit *presque* toujours :

Acide salicylique.	1 gramme.
Extrait de cannabis indica .	50 centigr.
Alcool à 90°.	2 gr. 50 centigr.
Ether à 62°	5 grammes.
Collodion électrique	5 —

On met ce mélange dans un flacon soigneusement bouché et l'on badigeonne tous les deux jours avec un petit pinceau.

Le cor s'enlèvera dans un bain de pied.

On préconise également les feuilles de lierre macérées dans du vinaigre ; on en fait de petits cataplasmes.

Lorsqu'on a les pieds fatigués, un bon bain de pieds d'eau de sureau, avec une poignée de gros sel, est excellent.

LE NEZ

« Cela se voit comme le nez au milieu du visage », dit-on communément.

En effet, le nez est le trait le plus saillant de la figure, et, malheureusement, il est peu modifiable.

A ce propos, j'engagerai les mères à manipuler dès le jeune âge le nez de leur progéniture.

Dans la première enfance, la chair se pétrit comme une cire molle.

Donc, si votre fillette a le nez court et écrasé, serrez-le fréquemment en le tirant dans le sens de la longueur.

Il arrive souvent aussi que le nez des enfants soit dévié d'un côté ou de l'autre par l'habitude qu'ils ont de coucher du même côté. Le remède est simple : repousser le nez de force et faire coucher sur le côté opposé.

Lorsque les narines sont trop étroites ou de grandeur inégale, on doit les dilater avec des cylindres d'éponge préparée.

Tous les deux jours, il est bon de renifler de l'eau tiède avec une ou deux gouttes de phénol ; l'odeur est désagréable, mais cela entretient la muqueuse nasale dans un parfait état.

François Ier avait un nez énorme et, comme cela l'ennuyait, il avait érigé en principe que « jamais grand nez ne défit beau visage ».

Je suis un peu de son avis : mieux vaut un nez un peu fort que ces tout petits nez qui n'ont pas de forme déterminée.

Quand on est jeune, un nez de soubrette friponne ou à la Roxelane va encore ; mais, arrivé à un certain âge, je préfère le nez aux grandes lignes.

Le nez est sujet à des rougeurs, à des gonflements qui sont le désespoir des coquettes.

Cela dépend souvent des mauvaises digestions, de l'absorption du vin en trop grande quantité ; là encore, l'hygiène est nécessaire.

Un régime peu animalisé, des purgatifs légers, des lotions tièdes.

Le nez est sujet à de petits points noirs qui viennent sur les ailes ; ce sont des sécrétions sébacées qui s'en vont en rubans, lorsqu'on les presse ; le vulgaire appelle cela des vers.

De là, sans doute, l'expression populaire : « Tirer les vers du nez ». C'est-à-dire faire sortir quelque chose de bien caché. On doit user des lotions d'eau de Cologne pour resserrer les pores.

Il vient quelquefois des furoncles au nez, et souvent, il en résulte une cicatrice désagréable ; il faut, pour éviter cela, piquer la tête du furoncle dès qu'elle est formée et l'imprégner souvent et abondamment d'alcool camphré ; puis, pour faire disparaître la petite inflammation, enduire le nez de pommade de concombre.

Il y a des personnes qui ont des poils dans les narines.

Rien n'est plus dangereux que de recourir à l'épilation ; il peut venir un érisypèle et on peut fort bien en mourir. Mieux vaut les couper avec les ciseaux.

Lorsqu'on a des taches de rousseur, on peut facilement les guérir en les touchant avec de l'eau oxygénée ; il se produit une desquamation de la peau qui les enlève sans retour.

On peut se roser légèrement l'extérieur des narines pour le théâtre.

LES YEUX

Les beaux yeux sont les plus beaux joyaux du monde.

A ce propos, je vais citer une histoire qui date de janvier 1894. Une dame possède un collier d'yeux *humains* pétrifiés, finement enchassés dans de l'or curieusement travaillé ; ces yeux ont été enlevés aux cadavres d'Incas.

Il paraît que rien ne peut égaler le velouté, le doux rayonnement de cette parure, un tant soit peu barbare, pourtant.

La vue est le roi des sens, il faut donc y veiller avec un soin jaloux.

La lumière trop vive est préjudiciable à la vue.

Les reflets de la lumière du soleil renvoyés par les murs blanchis à la chaux, par les glaces, les plaines crayeuses, les sables brûlants d'Afrique, les sables brillants des côtes bretonnes, sont les ennemis des yeux.

Dans les pays du Nord, on porte des lunettes, assez semblables à des coquilles de noix, percées d'une fente dans le milieu ; comme cela on atténue l'effet désastreux du soleil refléchi par la blancheur immaculée de la neige.

Il faut éviter de regarder fixement les éclairs ; on a vu des cas de cécité soudaine par ce seul fait.

De même, contempler la lune fixement peut causer un affaiblissement.

Une excellente coutume est de fermer les yeux de temps à autre et de les tenir clos pendant quelques minutes.

Ne jamais laisser séjourner dans l'œil un corps étranger, il peut altérer la vue; il faut l'enlever immédiatement avec le coin d'un mouchoir ou encore en fermant l'œil et en frottant doucement la paupière en tournant.

Les travaux délicats de broderies faits à la lumière sont également nuisibles.

Les transitions brusques de la lumière à l'ombre, et *vice versa*, sont mauvaises ; la nature, en mère admirable, l'a compris ; témoin la lente gradation de l'ombre au jour.

Ayez soin, en vous éveillant, de ne pas imiter les petits enfants qui frottent leurs yeux; cela fait tomber les cils et ride le dessous des paupières.

En vous levant, tamponnez doucement vos yeux avec de l'eau tiède.

Dans le cas d'inflammation, bassinez avec de l'eau aussi chaude que possible.

Rien ne conserve la vue comme de se laver de temps en temps avec de l'eau salée dans laquelle vous ajoutez une cuillerée d'eau-de-vie.

L'eau de bluet, dans le cas d'affaiblissement de la vue, est le remède préconisé.

Si vous avez les yeux délicats, ne lisez pas le soir, et, surtout, ne lisez pas au lit ; il en résulte *toujours* un affaiblissement de l'un ou l'autre œil.

Lorsque les paupières sont inflammées, il faut faire de fréquentes applications d'eau de rose et de plantin.

Quelque chose de très bon pour les paupières, est de les laver avec une décoction de camomille.

> Deux beaux yeux, il n'est pas d'éloquence pareille,

dit Ronsard.

Tâchons donc de donner une jolie expression au

regard ; avec un peu de volonté, on peut y réussir facilement.

Si votre regard est habituellement dur, adoucissez-le autant que possible.

Si le regard est insignifiant, j'espère bien que la coquetterie, le désir de plaire, lui communiquera un certain piquant.

Le koheuil placé dans l'œil donne du brillant ; c'est ce que font les femmes orientales ; mais, à la longue, cela fatigue les paupières.

Une goutte de belladone placée dans le coin de l'œil dilate la pupille et lui donne du brillant ; sous le second Empire, les dames de la cour en pratiquaient l'usage.

Si on a besoin, pour paraître *de loin*, d'agrandir ses yeux, faites-le avec du fard *bleu*, et non du noir, qui donne de la dureté au regard

LES SOURCILS

Des sourcils finement arqués constituent une beauté remarquable, mais bien rare.

Il faut, pour entretenir l'intégrité et la beauté des sourcils, passer dessus, chaque matin, une brosse douce imprégnée d'eau et d'eau de Cologne, ou de glycérine, d'alcool et d'eau.

Lorsque les sourcils ont les poils rétifs, qui leur donnent un aspect hérissé, passez-y le soir un peu d'eau gommée, pour les faire rentrer dans le droit chemin.

Si les sourcils s'entrecroisent au-dessus du nez, signe de jalousie, dit-on, cela donne une expression de dureté ; il importe donc d'employer un épilatoire quelconque pour remédier à cet inconvénient.

Si les sourcils sont mal tracés ou peu abondants, vous pouvez recourir (délicatement) au fard noir, en poudre.

Surtout, n'usez point des crayons qui font tomber les sourcils.

A la cour de Pierre-le-Grand, les dames russes eurent une singulière idée ; elles s'épilèrent les sourcils complètement et substituèrent à leur arc naturel une couche de plombagine d'une grande épaisseur.

Un tout petit coup de crayon au coin des yeux fait très bien, le soir, au théâtre

LES CILS

Rien à faire, que d'éviter de frotter les yeux.

L'usage du voile serré use les cils.

Un excellent moyen pour brunir cils et sourcils, est de les brosser tous les jours avec une petite brosse trempée dans une infusion de thé très forte.

Mais, il ne faut pas se décourager si, au bout de quelques jours, on n'a pas le résultat demandé ; il faut des semaines pour ce.

LES CHEVEUX

La plus belle parure de la femme est un diadème d'épais cheveux.

La richesse capillaire a été prisée de tout temps.

Les Romains achetaient à moitié prix les esclaves chauves.

On n'attache plus maintenant la même importance à la chevelure ; quoi qu'il en soit, il est fort désagréable de perdre ses cheveux, surtout avant l'âge.

Le cheveu n'est pas seulement un ornement, c'est un signe de force et de santé ; un agent de défense contre le froid, le chaud, les chocs, l'humidité, le soleil, etc.

Rien ne favorise la chûte des cheveux comme le travail cérébral, les soucis, chagrins.

Plus les cheveux sont à l'air, mieux ils se portent.

Je conseille donc de se décoiffer complètement avant de se coucher, de se démêler et de laisser les cheveux flottants; la liberté même pour eux est salutaire !

Il faut de temps à autre brosser ses cheveux avec une brosse *dure*.

Les brosses métalliques entretiennent à merveille la santé du cuir chevelu.

Surtout ne vous lavez pas la tête plus de *quatre* fois par an, c'est suffisant.

Les personnes qui ont la fâcheuse habitude de se plonger la tête dans l'eau deviennent chauves prématurément.

Les pommades sont toujours des plus nuisibles pour les cheveux en bon état.

Si la nature des cheveux est sèche, la pommade les rend cassants; si, au contraire, elle est grasse, elle les empâte, les aplatit, les ternit au lieu de les lustrer.

Elle les brunit, en altère la couleur.

Elle laisse sur la tête un résidu malpropre.

Pour se nettoyer la tête, ayez de l'eau de son tiède, dans laquelle vous délayez un jaune d'œuf.

Peignez-vous au peigne fin une fois par mois.

N'usez pas d'alcool pur, cela rend les cheveux secs et les fait tomber.

Pour les cheveux qui tombent, employez l'huile de ricin, le goudron, la quinine, le soufre, en préparation plus ou moins fortement dosées; pour ce, demandez l'avis de votre médecin qui vous donnera une ordonnance *ad hoc* ; mais ne vous adressez pas à un parfumeur qui vous vendra très cher un petit pot grand comme ça, bien décoré, il est vrai, mais dont le contenu ne vous fera ni chaud ni froid.

On préconise beaucoup les poudrages fréquents avec de l'amidon mélangé de poudre d'iris.

Cléopâtre, cette reine des coquettes, prétendait que la graisse d'ours était excellente contre la chute des cheveux.

Où se procurer ladite graisse?

La belle Cléopâtre avait les cheveux teints en *vert*, affirment certains historiens.

Si la chevelure réclame impérieusement l'emploi d'un corps gras quelconque, confectionnez une brillantine composée d'alcool à 90°, ou plutôt de vieux rhum; faites-y dissoudre un dixième de glycérine très pure et aromatisez selon votre goût.

Un remède héroïque, mais qui, paraît-il, réussit toujours, est l'injection sous-cutanée de pilocarpine ; le résultat est certain, et si j'avais le malheur de perdre mes cheveux, je n'hésiterais pas une seule minute à employer ce moyen qui donne un coup de fouet au système pileux.

Tous les trois mois il est bon de rafraîchir ses cheveux en les raccourcissant de deux ou trois centimètres.

« Les couper au moment de la pleine lune », affirment les bonnes femmes.

Inutile de dire que cet « on-dit » est absolument absurde.

S'il vous arrive des croûtes sur le cuir chevelu, employez des onctions d'huile de cade.

Si vos cheveux sont trop gras, lavez-les au carbonate de soude.

Le premier cheveu blanc est une douleur pour la femme ; c'est le premier stigmate de la vieillesse.

Les soucis et les chagrins font blanchir prématurément.

On cite pourtant de nombreux cas de calvitie soudaine.

Larry donne le cas du duc de Saint-Vallier, père

de Diane de Poitiers, qui devint blanc en une minute.

Marie Stuart blanchit en une nuit.

Aussi Marie-Antoinette, si on en croit quelques historiens. D'autres insinuent que, si la chevelure de la reine perdit sa couleur, ce fut parce qu'elle ne put se servir de certaine pommade dont elle faisait un usage journalier.

Après tout, ce sont peut-être de mauvaises langues.

Le régicide Orsini, noir de jais lors de son arrestation, était gris lorsqu'il marcha au supplice.

Thomas Morinus devint tout blanc dans la nuit qui suivit son arrêt de mort.

Une drôle d'anecdote que nous raconte Campanella :

Le moine Ubipertus était candidat à l'épiscopat, mais il était trop jeune ; il eut l'idée d'aller à Rome demander une dispense au Pape, celui-ci la lui refusa.

Fou de dépit, il rentra chez lui et passa la nuit dans une rage épouvantable ; le lendemain matin ses cheveux étaient blancs !

Il se représenta devant Sa Sainteté qui ne le reconnut plus et le nomma évêque !

Si non e vero...

Les personnes qui se teignent les cheveux doivent faire bien attention aux produits qu'elles emploient.

Non pas que je les blâme de se teindre, au contraire, on doit rester sur la brèche et lutter pour rester belle jusqu'au dernier moment.

Certaines personnes se teignent uniquement pour changer la couleur de leurs cheveux et leur donner une teinte qui sied mieux à leur carnation ou à l'expression de leur visage.

Les Romaines se teignaient les cheveux en blond et achetaient à prix d'or les chevelures des Gauloises.

Les femmes africaines, jalouses de la beauté romaine, se poudraient les cheveux de safran, ce qui devait faire un bien joli effet avec leurs frimousses noires.

La blonde a toujours été le type de la beauté féminine.

On dit que notre mère Ève était blonde ou rousse, ce qui n'est sans doute pas juste, attendu que c'était probablement une femme au teint cuivré ou peut-être tout simplement une singesse, si on en croit la doctrine du Darwinisme.

Le blond Véronèse est célèbre.

Pour l'obtenir, les Vénitiennes se soumettaient à un supplice que nous narre Vicellis, le frère du Titien.

Elles montaient sur la terrasse de leur maison et, à l'heure où le soleil darde ses plus ardents rayons, elles y exposaient leur tête nue, la mouillaient d'une eau préparée, avec une petite éponge attachée au bout d'un roseau ; elles l'imbibaient plusieurs fois et attendaient patiemment que le soleil les essuyât.

On donne même une recette agissant très bien, mais comme elle est très sale, je m'abstiens de la répéter ici.

Le henné est une teinture tout à fait inoffensive qui, au contraire, rend les cheveux souples et lustrés. Voici la manière de l'appliquer :

Prenez des feuilles de henné préparées, non pas à l'eau de chaux, ce qui dessèche les cheveux, mais à l'eau tiède.

Emplâtrez les cheveux avec cette bouillie.

Au bout de deux heures retirez la pâte, lavez bien les cheveux.

Il faut malheureusement recommencer toutes les quinzaines cette ennuyeuse opération.

Les teintures blondes américaines n'ont guère d'inconvénients pour la santé, mais elles abîment l'essence des cheveux.

L'eau oxygénée, qui est un décolorant plutôt qu'une teinture, ne fait pas de mal au système pileux, pourvu toutefois, qu'après l'application, qui se fait à la *racine* des cheveux avec une petite éponge, on relève immédiatement les cheveux, afin que l'eau n'arrive pas à glisser et à mouiller entièrement la chevelure ; si par hasard cela arrivait, mettez aussitôt de l'huile d'amandes douces ; faute de ce soin, vos cheveux deviendraient d'une friabilité excessive.

Les teintures noires sont généralement préjudiciables à la santé, à cause des sels de plomb, d'argent, de mercure, de cuivre, d'étain, de chaux, etc., qu'elles recèlent et qui peuvent causer un empoisonnement ou des désordres cérébraux, comme ceux auxquels succomba Mademoiselle Mars, à la suite d'une nouvelle application de teinture.

Je vais citer quelques procédés inoffensifs mais, malheureusement, peu tenaces.

Prenez des noix *fraîches*, faites-les bouillir longtemps dans de l'eau avec quelques clous de fer ; filtrez et humectez vos cheveux avec cette eau.

Autre recette (même chose).

Prenez : suc exprimé d'écorces vertes de noix, 10 parties ; alcool, 90 parties. Laissez en contact quinze jours et filtrez.

On sait que c'est avec le brou de noix que Médée rajeunit Jason.

Cazenave préconise la lotion suivante contre les cheveux blancs :

Faites bouillir 1 gramme de sulfate de fer dans 60 grammes de vin rouge.

Faire des lotions tous les deux jours.

Voici encore la recette d'une pommade sévère :

Cire blanche	125 grammes.
Huile d'olives.	300 —

faites fondre et ajoutez :

Charbon de liège	60 grammes.

Des lavages au thé très fort sont également bons pour les cheveux et les brunissent à la longue.

Surtout, chères lectrices, ne frisez pas vos cheveux au fer ; mettez plutôt de petits fronts postiches ; sous le chapeau cela ne se voit pas et vous épargnez ainsi votre chevelure.

Voici une recette qu'on me donne pour excellente et qui, surtout, réussit lorsqu'on s'en sert dès le jeune âge.

Huile d'amandes douces	100	grammes.
Alcool	25	—
Teinture de cantharides	2	—
Essence de bergamote	15	gouttes.

Agitez la bouteille avant de s'en servir.

Ce mélange, paraît-il, donne des résultats merveilleux et les chevelures ainsi traitées deviennent longues et épaisses.

LES DENTS

Les dents sont des perles précieuses qu'il faut conserver avec un soin jaloux.

Non seulement, les dents sont l'ornement du sourire, sa beauté, de la gaieté, mais encore, combien utiles !

On ne saurait donc prendre trop de soin de ces organes fragiles.

D'abord, comme dans tout, une exquise propreté, encore plus nécessaire là que partout ailleurs.

Les passages brusques du chaud au froid sont des plus nuisibles.

Ainsi, l'habitude qu'ont certaines personnes de boire un verre de vin immédiatement après le potage, est très préjudiciable.

L'usage des boissons glacées, comme celui des

boissons brûlantes, fait éclater l'émail des dents.

Dans certaines contrées, les dents des habitants se gâtent de très bonne heure ; il faut en incriminer les eaux.

L'abus des acides, et surtout celui du sucre, fait gâter les dents.

Ne pas faire de premier déjeuner, sortir sans avoir pris quelque chose de chaud est également désastreux pour le système dentaire.

Un conseil : lorsque vous vous réveillez, la nuit, avalez une gorgée d'eau pure, cela entretient la fraîcheur de la bouche et donne au réveil une haleine agréable.

Il est nécessaire de se laver la bouche et les dents à l'eau *tiède*, après chaque repas, d'enlever avec le cure-dents de *plumes* ou de bois les débris d'aliments qui auraient pu se loger dans les interstices des dents.

Faute de ces soins, la carie ne manque pas d'arriver, et alors, sus au dentiste, ce qui n'est pas agréable du tout

Le matin, en vous levant, grande toilette de la bouche.

Vous avez une brosse dont la dureté doit varier selon le degré de sensibilité de vos dents ; vous la trempez dans l'eau tiède aromatisée d'eau de Botot, de sel ou de cognac, brossez les dents en tous sens, puis rincez à l'eau simple.

Il est nécessaire aussi de brosser les gencives, afin de les débarrasser de la sécrétion blanchâtre de la nuit et leur donner de la vitalité et une belle teinte rose.

Ayez soin toutefois de brosser celles de la mâchoire supérieure de haut en bas et celles de la mâchoire inférieure de bas en haut, afin de ne pas déchausser les dents, car rien n'est affreux comme ces dents longues sorties de leurs alvéoles.

Avant de vous coucher, un bon rinçage à l'eau tiède; car, c'est pendant la nuit que se produisent les fermentations acides et que les microbes ont beau jeu.

On peut encore nettoyer l'interstice des dents en y passant délicatement un fil fin.

Surtout ne vous avisez pas de couper du fil avec vos dents, ni de casser des noyaux.

Il faut se défier des pâtes et des poudres qui blanchissent trop vite et trop bien; elles sont à base d'alun, de pierre ponce, d'yeux d'écrevisses, et rayent et usent l'émail des dents.

Le pain noir est, paraît-il, excellent pour les dents.

Les grands mangeurs de chocolat, de bonbons sont de bonne heure avec des dents gâtées.

Je ne saurai trop recommander, lorsqu'on a une mauvaise dent, de la faire, non extraire, mais soigner, obturer.

Mieux vaut avoir des dents aurifiées, mastiquées aux trois quarts et les conserver, car les dents arrachées déforment le dessin des joues, ce qui enlaidit considérablement une jolie femme.

Lorsqu'on est enceinte, il faut prendre tous les jours une cuillerée à café de phosphate de chaux, ou, autrement, gare au proverbe populaire, malheureusement vrai : Chaque enfant coûte une dent à la mère.

Lorsque, par malheur, une dent part ou qu'on est contraint à l'extraction, n'hésitez pas à la faire remplacer, quelle que soit votre horreur pour le faux ; tout, plutôt qu'un trou dans la denture, qui défigure le plus joli sourire.

Au reste, les dentistes sont en général des artistes, témoin M. X... ; attention, j'allais faire de la réclame.

Voici une anecdote qui prouve la perfection qu'on peut obtenir :

Lady S..., une jeune et jolie femme, eut le malheur de perdre toutes ses dents par suite d'une gingivite aiguë ; heureusement, son mari était absent pour plusieurs mois, et elle eut le temps de se faire faire un dentier idéal, plus beau que nature !

La jeune femme oublia de payer le dentiste, et celui-ci arriva un beau matin présenter sa note au mari.

Celui-ci nia la dette, et mit presque le malheureux dentiste à la porte ; mais ce dernier regimba et exigea la présence de madame S..., il parla même d'expertise !

On devine l'embarras de la dame.

Elle eut soudain une inspiration et dit à son mari :

— En effet, je dois les deux dentiers à monsieur ; mais... ils sont pour le compte de mon amie, madame de C..., elle m'a priée de payer : comme ce n'était pas pour moi, je l'ai oublié. Comment avez-vous pu suspecter la sincérité de ma denture ? acheva-t-elle en découvrant, dans un éclat de rire, l'écrin ivoirin de ses dents non payées.

Milord S... paya le dentiste et l'admonesta fortement d'avoir suspecté la mâchoire de milady !

Lorsqu'on a une sensibilité des dents et des gencives, il est bon de mâcher un morceau d'écorce de cannelle.

Une poudre qui donne santé et beauté aux gencives est celle-ci :

Poudre de quinquina.	15	grammes.
— de ratanhia.	5	—
— de chlorate de potasse. .	5	—

En frotter les gencives trois ou quatre fois par jour.

LA BOUCHE

Quoi de plus séduisant qu'une jolie bouche, aux lèvres roses, gracieusement dessinées ?

Mais, pour un « joli nid à baisers », comme disent les poètes, combien de bouches disgracieuses et laides !

Sans doute ; mais encore là, la coquetterie peut corriger la nature.

Une bouche absolument vilaine ne pourra jamais, évidemment, devenir tout à fait jolie; pourtant on peut l'embellir.

Ainsi que celle des yeux, l'expression de la bouche peut se modifier, en modifiant le sourire, les habitudes.

Si on défend les pleurs pour la beauté des yeux, on doit défendre le gros rire, qui est une vraie grimace.

Autant le sourire est gracieux et distingué, autant l'éclat de rire est vulgaire.

Regardez-vous à la glace lorsque vous riez ; votre visage est convulsé; tous les muscles, en s'écartant fortement, font plisser la peau, disparaître les yeux, froncer le nez, etc.

Bref, le rire à outrance est un acheminement vers les rides.

Si vos lèvres sont trop pâles, vous pourrez aviver leur éclat par une couche discrète de bâton raisin.

La vitalité des lèvres pourra être favorisée par des succions ou des morsures légères; mais il faut avoir soin, les lèvres étant humides, de ne pas s'exposer au froid ou au vent, autrement, gare aux gerçures !

Lorsqu'on en est atteint, elles cèdent facilement aux lotions émollientes de guimauve ou de pommade de concombre.

Si la gerçure est profonde, il faut employer de la glycérine neutre, mais sans excès; car la glycérine « tanne » la peau des lèvres et supprime leur élasticité et leur rougeur.

LA TAILLE

Toutes les femmes envient avoir une jolie taille et, pour ce, beaucoup se strangulent dans leurs corsets.

Quelle erreur !

La taille, dite « taille de guêpe », n'a jamais été jolie pour les esthéticiens.

Une taille ronde, souple, bien cambrée, pas *trop fine*, se balançant gracieusement sur des hanches développées, est le *nec plus ultra*.

Il faut s'occuper de la taille des jeunes filles, dès l'âge de sept ans.

Leur faire faire un corset montant haut dans le dos, assez baleiné pour les faire tenir droites, et qui les maintienne, sans les serrer.

Pour la femme, le corset est une affaire importante; il doit cambrer les reins, soutenir la gorge, la poser à sa place réelle, ni trop haute, ni trop basse, ni trop resserrée, comme du temps de Louis XV, où les seins étaient unis l'un contre l'autre,

Comme deux jumeaux qui s'aiment,

a dit un auteur du temps.

On doit mettre son corset dès le lever; ne pas le serrer tout de suite, attendre une heure environ avant de le mettre au point désiré.

Du reste, les corsets de maintenant ne sont plus les armures de fer dans lesquelles les femmes enduraient martyre, au temps des Valois; ce ne sont pas non plus les corsets à taille démesurément longue du temps de la Pompadour; pas davantage la « ceinture » des temps napoléoniens où, sous prétexte de protéger les enfants à venir, on faisait des mères des sortes de sacs de farine mal liés.

Un préjugé, très répandu, que nombre de médecins entretiennent, est celui qui fait quitter tout corset dès les premiers mois de la grossesse; ce qui est cause que nombre de femmes sont affreusement déformées lorsqu'elles relèvent de couches.

Voici mon avis, par expérience.

Les quatre premiers mois, laissez votre corset ordinaire, le lâchant, bien entendu, selon les exigences de la situation.

Les quatre mois suivants, mettez un corset spécial dit « corset de grossesse », et, le dernier mois, ne mettez rien du tout.

En suivant cette méthode, sauf, bien entendu, les cas exceptionnels de malaises, de gêne, etc., vous avez la chance de conserver, *à peu près*, votre sveltesse de taille.

Que de coquettes ont gémi de leurs grossesses, à cause de leur jolie taille ; que de maternités ont été accueillies froidement en pensant au dommage qui en résulterait ; et pourtant, d'après les lois naturelles et divines, il faut procréer. Mais, tout en faisant notre devoir, faisons notre possible, mesdames, pour que notre beauté s'en ressente le moins possible.

Il y a plusieurs sortes de tailles, et ce serait un grave tort de vouloir les réduire toutes au type de la taille ronde, qui, disent les philosophes, décèle des penchants voluptueux.

4

Il existe les tailles courtes, genre beauté grecque ; la taille plate, aimée de Balzac, qui y voyait le signe d'une nature rêveuse et sentimentale.

Enfin, quelle que soit notre taille, modifions-la ou conservons-la selon les cas, mais n'oublions pas que c'est une beauté très prisée, et que nombre de femmes, au visage ordinaire, ont une réputation de beauté rien que pour la joliesse de leur tournure et l'exquise forme de leur taille.

L'OREILLE

Pour les oreilles, il faut veiller à ce que le pavillon ne soit pas trop détaché de la tête ; on peut, à l'aide de bandelettes serrées, mises pour dormir, *recoller* l'oreille, si on agit dès le jeune âge.

Les boucles d'oreilles déforment le lobe ; mais, puisque la mode nous fait sacrifier à cette parure barbare renouvelée des sauvages, prenons des *dormeuses* peu lourdes, et non ces grandes boucles d'oreille pendeloquées qui, du reste, ne sont plus à la mode.

Une oreille petite, rosée, transparente, finement ourlée, est ravissante.

Une oreille large, plate, blafarde, est hideuse.

Si votre oreille est pâle, il est facile de la roser légèrement en passant le doigt imprégné de rose liquide sur le lobe; cela la rajeunit tout de suite.

Si la forme en est disgracieuse, prenez, autant que possible, une coiffure qui la dissimule.

LA JAMBE

Combien je regrette,
. . . .
Ma jambe bien faite,

dit le chansonnier Béranger.

Mais, qu'est-ce donc, au juste, qu'une jambe bien faite?

Poùr le vulgaire, c'est une jambe solide, avec un bon gros mollet, bien saillant.

Pour le délicat, c'est une jambe fine de la cheville, se renflant doucement par une ligne fuyante qui se perd sous un genou rond à la délicate rotule.

Il y a le mollet espagnol, placé bas, et le mollet français, placé haut.

Mes préférences sont pour le dernier.

La jambe peut se modifier, comme toutes les

4.

parties du corps, si on sait s'y prendre à temps.

Exemple : si, vers quinze ou seize ans, le mollet ne s'accuse pas, faites pendant six mois les exercices des danseuses, et je vous garantis que, non seulement le mollet poussera, mais aussi le cou-de-pied.

Si vous avez des poils follets sur les jambes, il est facile de les faire disparaître avec un dépilatoire, ce à quoi je vous engage, car, rien de plus laid qu'une jambe velue.

LES SEINS

Pour conserver la *fermeté* des seins, il est bon de les lotionner tous les jours avec de l'eau froide, aromatisée d'eau de Cologne.

On emploie aussi une décoction de sureau.

Il est utile de mettre son corset dès le matin, afin que les seins ne soient pas livrés à eux-mêmes.

Une poudre excellente est celle-ci, elle est d'un médecin célèbre :

Farine de riz	50	grammes.
Farine de marrons d'Inde. . . .	50	—
Poudre d'amandes amères . . .	50	—
Poudre d'Iris	25	—
Magnésie calcinée	5	—
Essence de bois de Rhodes . . .	3	—

Pour se poudrer tous les deux jours.

Tableau des beautés de la femme exigées par le poète arabe.

Cheveux noirs.
Cils noirs.
Sourcis noirs.
Pupilles noires.
Peau blanche.
Globe de l'œil blanc.
Dents blanches.
Jambes blanches.
Langue rouge.
Lèvres rouges.
Gencives rouges.
Pommettes rouges.
Tête ronde.
Cou rond.
Avant-bras rond.
Chevilles rondes.
Dos long.
Doigts longs.
Bras longs.
Jambes longues.
Front large.
Yeux larges.

Reins larges.

Hanches larges.

Sourcils étroits.

Nez étroit.

Lèvres étroites.

. . . . . .

Joues charnues.

Cuisses charnues.

Fesses charnues.

Mollets charnus.

Oreilles petites.

Seins petits.

Mains petites.

Pieds petits.

Il n'y a pas à discuter la valeur de ces attributs.

C'est un peu selon les goûts.

La beauté blonde est plus brillante, plus gaie, plus femme, en un mot.

La beauté brune plus solennelle, plus majestueuse.

Les peuples d'Orient aiment les femmes douées (je dirai affligées) d'un énorme embonpoint.

Les peuples d'Occident aiment le juste milieu, qui est ce qui est le mieux, en tout.

Pour mon goût personnel, mes préférences sont acquises à la fausse maigre.

LES BRAS

Pour être jolis, les bras doivent avoir d'exactes proportions, c'est-à-dire que le coude arrive juste à la taille.

Ils doivent être ronds, sans être gras, se fuselant vers le poignet qui doit être fin.

Il faut éviter de s'appuyer fréquemment sur le coude ; outre que c'est une attitude contraire à la bonne compagnie, cela a l'inconvénient de « marquer » le coude, de le durillonner en quelque sorte.

Pour empêcher la peau de devenir rugueuse à cet endroit, il est bon de mettre de temps à autre un peu d'huile d'amandes douces.

Lorsqu'on va au bal et que, par conséquent, les bras sont nus, on peut, si on a un joli coude rond, fosseté, y mettre un tantinet de rouge qui en souligne la joliesse, mais il faut que ce soit imperceptible.

Il arrive souvent que les bras sont velus; rien de plus laid.

Y mettre un dépilatoire les fait rougir pendant quelques jours; le meilleur moyen est de les flamber un peu vivement au-dessus d'une lampe à esprit de vin. Mais il faut avoir grand soin de ne pas se brûler et il faut du sang-froid et de l'adresse.

LES INJECTIONS

Sont d'une pratique très répandue parmi les femmes soucieuses non seulement de leur beauté, mais de leur santé.

Les injections doivent être prises, le matin à jeun, tièdes et non froides, car ces dernières occasionnent souvent de graves désordres : quelquefois même des métrites aiguës peuvent s'en suivre.

L'injection additionnée de quelques gouttes d'eau de Cologne est excellente et tonique.

L'injection à la feuille de noyer est indiquée dans certains cas de pertes blanches.

L'injection à l'eau de son, à l'eau de guimauve est rafraichissante.

Résumons-nous : il faut des injections, pas trop n'en faut.

LES VAPORISATIONS

Depuis quelques années, le vaporisateur a pris droit de cité chez nous ; on en fait d'ordinaires, on en fait qui sont de vrais bijoux d'un grand prix.

La vaporisation rafraîchit le corps ; elle procure une exquise sensation de fraîcheur.

Ainsi, après un bain, rien ne redonne du ton à l'organisme comme de se vaporiser, soit à l'eau de Cologne, soit à l'eau de cédrat ou de verveine.

Je ne conseillerai pas les parfums musqués ou ambrés qui affadissent toujours un peu.

Avant de partir, soit en soirée, soit au théâtre, une légère vaporisation est non seulement agréable, mais utile, car elle combat les miasmes délétères que renferment ces endroits où tout le monde vit, respire.

L'origine du vaporisateur n'est pas moderne.

Ce sont les amants de Laïs qui en furent les inventeurs. Ils trempaient des colombes dans les plus fines essences et les lâchaient dans la salle des festins ; ces gracieux oiseaux secouaient leurs ailes en volant au-dessus de la tête des convives et les vaporisaient ainsi.

L'OBÉSITÉ

Cet état est absolument incompatible avec la beauté féminine; c'est son plus cruel ennemi ; il faut donc lui courir sus, dès que les premiers symptômes apparaissent.

Pour combattre cet envahissement de la graisse qui déforme et fait disparaître la taille, qui fait perdre au visage son expression, qui rapetisse les yeux, triple le menton, capitonne la poitrine et le ventre de bourrelets de graisse, il faut s'imposer de durs sacrifices, n'être plus ni gourmandes, ni paresseuses : deux jolis défauts de jolies femmes, pourtant.

Mais, comme rien ne vieillit autant que l'empâtement des traits, on fera le nécessaire pour lutter et triompher.

On préconise de nombreux remèdes contre l'obésité, mais pas un seul ne réussit ; il n'y a que certains soins journaliers qui agissent graduellement.

Je dis « graduellement, » car un amaigrissement trop prompt aurait des conséquences terribles pour la beauté.

C'est entre trente et quarante ans que l'obésité se déclare.

Le lit, le sommeil, sont les plus cruels ennemis des personnes grasses.

Elles ne doivent pas rester couchées plus de six heures.

Pas de sieste après les repas, surtout.

Boire du vin blanc et pas plus de trois verrées.

Boire du thé serait encore mieux, et, encore mieux, ne boire *qu'après* avoir mangé.

Certains médecins ont préconisé les cures d'émaciation provoquant de fortes sueurs par les bains turcs suivis de douches glacées ; mais il arrive de fréquents accidents congestifs.

Les bains froids, les bains de mer, les massages, les frictions sont excellents.

Les bains chauds qui dilatent les tissus sont interdits aux obèses.

Surtout ne pas boire entre les repas.

Une promenade de deux heures, le matin, avant déjeuner, est salutaire.

Le moins de pain possible. Pas de mets succulents : les pâtés de foie gras, les canards, les oies, les ragoûts, les sauces, le saumon, la raie, l'anguille, le beurre, la graisse, l'huile, la noix, l'olive; tous les féculents, pommes de terre, pâtes, riz, haricots, pois, maïs, le sucre, les bonbons, les lactances, les œufs ; le poisson, confitures, porc sous toutes les formes, le miel, la crème, le racahout, le chocolat, le foie, la cervelle, les rognons, seront bannis de sa table ainsi que les liqueurs et la bière.

Il pourra manger mouton ou bœuf grillé, ou rôti.

De la sole, de la barbue, du bar, du turbot.

Du poulet, du dinde, des légumes herbacés ; l'asperge, dont Hippocrate vante les vertus ; l'oseille, les tomates, les fruits acides, tels que les oranges, les fraises, framboises, groseilles, cerises aigres, pommes.

Du café sans sucre, du bouillon dégraissé.

Le macaroni, qui est du gluten presque pur, est permis.

Sortir de table, ayant toujours un sentiment de

faim, et diminuer peu à peu la dose de nourriture.

Des marches fréquentes.

En outre, voici un régime qui n'offre aucun danger et qui donne d'excellents résultats :

Première semaine : un litre de lait par jour, trois portions d'aliments.

Seconde semaine : deux litres de lait, deux portions d'aliments.

Troisième semaine : trois litres de lait, une portion d'aliments.

Quatrième, cinquième et sixième semaines, quatre litres de lait et pas d'aliments.

On revient graduellement, en suivant ce traitement, à des proportions harmonieuses que l'on maintiendra par une sage répartition de recettes et dépenses.

LA MAIGREUR

Définition de la maigreur par Brillat-Savarin :

« L'état d'un individidu dont la chair laisse apercevoir les formes et les angles de la charpente osseuse ».

La chose est exactement dite, quoique peu scientifiquement.

En général, les personnes maigres désirent engraisser.

C'est un tort, selon moi, car la maigreur est préférable à l'obésité, même peu marquée.

Les causes de l'amaigrissement sont souvent les maladies. Alors, pour les faire disparaître, il faut combattre lesdites maladies.

L'abus des acides, du vinaigre, de l'absinthe, des alcools, de l'eau de mélisse, fait perdre l'appétit et amène promptement à l'amaigrissement.

L'âge, en diminuant la quantité d'eau que contient notre organisme, est une cause d'amaigrissement.

Les chagrins, le surmenage physique et moral, l'état de nourrice, font maigrir, et aussi le jeu et la jalousie ; avis à vous, mesdames !

Pour engraisser, il faut beaucoup dormir ou, du moins, rester au lit ; en un mot, mettre en pratique l'axiome de notre vieux poète français Régnier, qui n'est, du reste, nullement désagréable :

Ah ! que c'est chose doulce et fort bien ordonnée,
Dormir dedans un lict, la grasse matinée !

Un bain chaud de trois quarts d'heure, tous les deux jours, est utile pour combattre la maigreur.

On forcera l'appétit, on le stimulera par mille chatteries.

Voici un régime qui donne, quatre-vingt-dix-neuf fois sur cent, un excellent résultat : prendre, le matin, à midi, et le soir, une cuillerée à bouche d'huile de foie de morue, en y ajoutant une poignée de sel gris pulvérisé ; puis, les tartines de Trousseau qui renferment pour 125 grammes de beurre frais, 3 grammes de chlorure de sodium,

10 centigrammes de bromure de potassium et 5 centigrammes d'iodure.

On prendra, le matin, comme premier déjeuner, une tasse de chocolat avec des tartines de beurre.

Le second déjeuner sera composé des mets qu'on défend aux obèses : porc, foie, pommes de terre, etc.

On pourra faire aussi usage des « gaudes » sortes de crêpes à la farine de maïs qu'emploient les Orientaux pour engraisser leurs femmes et les Strasbourgeois, leurs oies.

Manger beaucoup de raisin.

Les huîtres, moules, escargots, écrevisses, sont très bons.

Boire de bon vin.

Entre les repas, boire quelques verres d'extrait de malt, de stout.

A quatre heures, une collation.

Le soir, dîner substantiel.

Il faudra éviter les longues promenades, les bals, les exercices violents.

Comme le trop de graisse, l'excès de maigreur est l'ennemi de la beauté féminine; il faut donc faire tous ses efforts pour se conserver fine et grasse : caille à point, en un mot.

Si on est mal avantagée du côté de la poitrine, je conseillerai, non pas les faux seins, qui ne restent jamais en place, et qu'un œil un peu exercé découvre toujours, mais un léger capitonnage de ouate dans la doublure du corsage.

Un moyen pour faire saillir les seins, lorsqu'on va au bal ; mettez des serviettes en tampon sous les seins, de façon à les bien relever ; mettez votre corset, serrez-le fortement ; de même pour le corsage ; puis, enlevez lesdites serviettes.

LES RIDES

Que de larmes elles ont fait verser ! Car, fréquemment, elles sont anticipées et, en somme, rien, ou presque rien à y faire *pour les effacer*.

Quelquefois, le traitement curatif de la maigreur réussit, et telle femme mince, ridée, voit ses rides disparaître lorsqu'elle se capitonne.

Il faut éviter de froncer les sourcils, de cligner des yeux, enfin, de faire des contractions faciales.

Un remède qui réussit pour les rides précoces est celui-ci :

Eau de roses	100	grammes.
Lait d'amandes épais	25	—
Sulfate d'alumine	2	—

Faire une lotion tous les soirs.

Une légère onction d'huile d'amandes douces est également très favorable.

LES PARFUMS

Les parfums ont toujours été aimés des femmes : ils complètent leur beauté, ainsi que les fleurs.

Les parfums ont une grande influence sur l'esprit, sur l'imagination ; c'est pourquoi, dans toutes les cérémonies religieuses, païennes ou chrétiennes, on les emploie.

Jamais l'amour des odeurs n'a été poussé si loin que dans la société patricienne de l'ancienne Rome.

On dépensait des sommes folles pour se parfumer ; il est vrai que chaque partie du corps recevait un parfum qui lui était spécialement affecté.

Ainsi, les aisselles étaient parfumées à la menthe ; la poitrine était ointe d'huile de palme ; les genoux étaient frottés d'essence de lierre ; les cheveux, inondés d'eau de roses, etc., etc..

L'opinion d'Alphonse Karr était qu'une femme doit avoir son parfum spécial qui, peu à peu, s'identifie à elle, et en fait, selon l'expression de l'auteur des *Guêpes*, une femme parfumée, et non pas une femme qui se parfume.

Je ne suis pas tout à fait de l'avis d'Alphonse Karr, je trouve cet exclusivisme un peu bien outré.

Le changement est quelquefois nécessaire, quand ce ne serait que pour reposer l'odorat qui, s'habituant à la même odeur, finit par ne presque plus la percevoir, et, par conséquent, force la dose, dépasse le but qui est d'odorer légèrement et non d'entêter.

Je suis très éclectique en fait de parfums ; je trouve que le changement d'odeurs excite le plaisir qu'on a à les respirer, tel le changement de mets excite l'appétit.

Du reste, les parfums d'été ne sont pas ceux d'hiver, et les parfums pour l'intérieur ne sont pas ceux qu'on porte pour sortir.

L'été, je conseillerai les parfums à l'odeur citrine tels que : bergamote, cédrat, verveine ; l'hiver : la tubéreuse, l'héliotrope, pour le bal, quelques gouttes d'extrait de peau d'Espagne, ou mieux, un petit morceau de véritable peau d'Espagne, cousu dans le corsage ; c'est délicieux.

En effet, la chaleur, en augmentant, développe ledit parfum et le laisse subsister, tandis que certaines odeurs douces, telles que la rose, l'oranger, le musc, perdent leur parfum *sui generis* et se changent en saveur âcre fort désagréable à l'odorat.

Pour chez soi, les *violacées* sont les parfums à choisir : violette, iris, réséda.

Pour les sorties, je conseillerai l'héliotrope blanc, l'ambre, le ylang-ylang.

Il faut que chaque objet appartenant à une jolie femme soit légèrement odorant.

Ainsi, dans les doublures des robes, elle doit toujours faire répandre de la poudre de violette et de la poudre d'héliotrope blanc mélangées.

Pour les sachets à gants, la poudre de santal.

Pour ceux à mouchoirs, la poudre d'iris.

Pour ceux à dentelles, la poudre de rose.

On sait que les fourrures se conservent avec le camphre, le vétiver.

Les parfums menthacés sont bons pour les migraines.

Le papier à lettre doit être mis entre deux sachets de papier contenant un mélange de poudre de tubéreuse et de violette.

Chaque planche de l'armoire à linge doit être recouverte d'une légère couche d'ouate sur laquelle on applique une mousseline et qui est poudrée d'iris.

Je vais donner ici une classification des parfums, due à Eugène Rimmel, un expert remarquable en ces sortes de choses.

Parfums fruités. — Poires, coings, ananas.

Parfums ambrés. — Mousse de chêne, ambre gris.

Parfums musqués. — Musc, civette.

Parfums anisés. — Anis, badiane, carvi.

Parfums amandés. — Amandes amères, laurier, mirbane.

Parfums menthacés. — Menthe, basilic, sauge.

Parfums herbacés. — Lavande, marjolaine, thym.

Parfums citrins. — Citron, cédrat, bergamote.

Parfums santalés. — Santal, vétiver, cèdre.

Parfums camphrés. — Camphre, patchouli, romarin.

Parfums coryaphyllés. — Œillet, girofle.

Parfums épicés. — Cascarille, muscade, cannelle.

Parfums balsamiques. — Héliotrope, fève tonka, vanille, benjoin

Parfums violacés..— Violette, réséda, iris.

Parfums tubérosés. — Tubéreuse, jonquille, jacinthe.

Parfums orangés. — Oranger, acacia, séringa.

Parfums jasminés. — Jasmin, muguet, ylang-ylang.

Parfums rosés. — Rose, géranium, palissandre.

Une femme élégante doit bannir de sa parfumerie le musc, le patchouli, le romarin qui sont des parfums communs et de mauvais goût.

Lorsqu'on doit séjourner longtemps dans un endroit où sont rassemblés beaucoup d'individus, il est salutaire d'imbiber son mouchoir d'extrait de romarin qui stimule (ceci, en particulier, pour les orateurs).

L'encens est employé dans le culte pour couvrir les senteurs offensantes qui se dégagent de l'agglomération du monde.

Pour leurs embaumements, les Egyptiens usaïent de résines et d'aromates, tels que galbanum, mastic, storax, cèdre, myrrhe, emnamome, origan, etc.

L'Ecriture sainte célèbre les parfums : ils réjouissent le cœur, dit-elle.

Les parfums sont une des attractions du séjour des houris, promis aux vrais croyants par Mahomet.

Les pastilles, dites du sérail, sont à base d'encens, de myrrhe, de benjoin, de taln, et assainissent l'air des appartements.

Certaines odeurs ont quelquefois d'étranges propriétés sur les sujets nerveux ; ainsi, en général, les hystériques ne peuvent supporter l'odeur du safran, du musc, de la feuille de noyer.

Les parfums de la rose, du thym, du santal, de la vanille, de menthe, lavande, patchouli, ont une action aphrodisiaque, dit-on.

Calmants sont ceux du laurier-cerise, de la fleur de pêcher.

Le musicien Grétry se trouvait mal en respirant une rose ; la duchesse de Lamballe avait des nausées en sentant des violettes.

Le doux Néron, aux mœurs pures, au cœur bon, vivait dans des appartements qu'on arrosait d'eau de rose toutes les heures.

Louis XIV adorait les fleurs d'oranger.

Napoléon Ier s'inondait d'eau de Cologne.

Sa première femme, Joséphine, était toujours imprégnée de musc.

Du reste, le musc a fait florès dans une classe de la société, à une certaine époque, puisqu'il a donné le nom de « muscadin » aux jeunes élégants.

Le maréchal de Richelieu avait dans son salon un jeu de soufflets qui lançaient constamment des jets parfumés.

La reine de Saba apportait des parfums précieux à Salomon ; aussi, les rois mages à Jésus enfant, dans l'étable de Bethléem.

En résumé, parfumons-nous, chères lectrices, et n'écoutons point les sottes gens qui disent souvent d'une femme parfumée : c'est qu'elle sent mauvais, si elle met des parfums.

LA COIFFURE

Le secret de bien se coiffer à l'air de son visage suffit quelquefois à transformer une femme insignifiante, ou vulgaire, en une jolie personne.

Trouver une coiffure seyante à notre physionomie, qui lui donne du piquant, de la jeunesse, de l'imprévu, est ce qu'il faut chercher.

Si vos cheveux ne sont ni assez longs, ni assez épais pour pouvoir permettre une coiffure avantageuse, n'hésitez pas un instant à en ajouter de postiches, mais en ayant bien soin de les assortir exactement comme nuance et comme finesse.

Bien se coiffer est un art véritable.

En tout temps, les femmes ont fait la plus grave affaire de leur parure dans le soin de la coiffure.

Vers 1788 on appelait le coiffeur « ministre de la mode ».

Croizat était surnommé le Napoléon de la coiffure, et Dangé, sans modestie, s'appelait lui-même « prince du fer et de la papillotte ».

Il existe les coiffures simples, les coiffures savantes, les coiffures de style, les coiffures vaporeuses ou sculpturales.

Le tout est de savoir choisir.

Nous sommes loin des coiffures extravagantes du temps de Louis XIV, où une élégante se faisait coiffer la veille du jour où elle allait au bal et passait la nuit sur une chaise, pour ne pas compromettre l'édifice de sa coiffure.

Edifice est bien le mot qui convient pour désigner ces masses énormes que les femmes portaient sur la tête, et dans la construction desquels entraient des crépés, des carcanes, du fil d'archal, deux étuis de métal destinés à retenir le bonnet, et qui portaient les noms charmants de : « la palissade » et le « monte-là haut ».

La Dubarry faisait soutenir sa volumineuse coiffure par une fourche d'ivoire que tenait un négrillon.

Les coiffures deviennent à la mode on ne sait trop comment.

Quelquefois elles naissent d'un hasard, comme

la coiffure à la Fontange, qui fit florès sous le roi Louis XIV et qui prit naissance ainsi :

Les dames de la cour escortaient à cheval le roi et la reine dans une promenade faite en la forêt de Marly ; une branche d'arbre accrocha la coiffure de mademoiselle de Fontange et mit en déroute sa rousse et belle chevelure.

Honteuse d'un pareil désordre et ne sachant comment le réparer, elle prit un ruban qui ceignait sa taille et l'attacha sur le front de façon à contenir les boucles rebelles ; elle parut si charmante ainsi au roi Louis XIV qu'il lui en fit compliment.

De là, la fameuse coiffure.

Certaines autres coiffures servent à cacher un défaut naturel de celle qui la lance.

Ainsi, les bandeaux plats de la belle Ferronnière, les boucles folles, descendant sur les oreilles, de la divine Pauline Borghèse étaient inventés pour cacher les oreilles mal ourlées de ces deux dames.

Comme le Hennin d'Isabeau de Bavière servait à cacher la calvitie complète de la reine.

Une coiffure peut transformer un visage, en changer les proportions, selon le volume et la forme.

Le tour de main qu'on donne aux cheveux peut modifier l'ovale du visage, atténuer les pommettes, quand elles sont trop saillantes.

Pour les têtes petites, aux figures un peu fortes, aux cous courts, il faut une coiffure large et haute qui dégage la nuque.

Aux minois irréguliers, il faut du piquant, de l'imprévu.

Aux visages classiques, les coiffures de style.

Mais, m'objecterez-vous, chères lectrices, il faut bien suivre la mode!

La mode! Voilà le grand mot lâché!

Alors, si une coiffure ne vous sied pas, parce c'est la mode, brebis de Panurge, vous la suivrez quand même ? Que vous importe pourtant, si les frisons, ombrageant votre front, et qui vous rendent si charmante, doivent faire place à autre chose, d'après le décret de cette girouette qu'on appelle la mode.

Pour le derrière de la coiffure, je comprends encore qu'on varie ; mais, pour le cadre direct, c'est-à-dire le devant, une fois que vous pouvez dire « Eurêka », tenez-vous-y.

En ce moment, la mode qui était au petit chignon anglais placé bas (d'aspect affreux), veut le chignon grec ; c'est seyant à la plupart des visages ; et, si on ajoute une petite touffe frisée qui sort dudit chignon, cela a un petit air tout à fait coquet.

Cette mèche frisée se nomme : « un nuage ».

Pour les blondes, les ébouriffements de bouclettes sur le front sont toujours jolis ; on fait aussi la houppe de clown ; c'est excentrique, mais, si on se tenait aux coiffures correctes, on manquerait de bien originales choses.

Le bandeau ondulé traversant le front en biais est très seyant aux brunes ; sur le côté du front resté découvert, un accroche-cœur.

La coiffure tout à fait découverte, découvrant entièrement le front qui a la vogue du moment, ne sied à presque personne ; elle exige un front moyen, un visage jeune, les cinq pointes bien dessinées. Je n'engagerai personne à l'adopter.

Un conseil : faites venir un bon coiffeur, étudiez avec lui votre physionomie, faites plusieurs essais et, lorsque vous serez « au point », tenez-vous-y.

Beaucoup de femmes ont le tort, grave à mon avis, de changer complètement de coiffure, lorsqu'elles vont dans le monde ; cela change leur visage et souvent pas en bien.

Lorsqu'on veut faire friser les cheveux, il faut les tremper dans de la bière tiède.

Pour donner un pli gracieux à la chevelure, nattez-la serrée, au moment de vous coucher, en une dizaine de petites tresses ; le lendemain, il existe une gracieuse ondulation.

Les épingles d'écaille sont préférables à celles de fer, elles ne coupent pas les cheveux.

Les faux cheveux, les filets, les peignes, les épingles doivent être passés de temps à autre dans l'alcool.

LE SECRET DES ATTITUDES

Certaines femmes pas jolies, laides même, sont infiniment séduisantes par leurs façons, leurs attitudes, leurs manières élégantes et distinguées, qui semblent innées chez elles et qui résultent, en réalité, d'une profonde d'observation et d'un habile *vouloir*. Or, comme toutes nous voulons être bien, c'est le cas de répéter le proverbe : Vouloir, c'est pouvoir.

Pour être gracieuse en marchant, il faut éviter les grandes enjambées et les petits pas pressés ; dans la marche à grande vitesse, on perd l'harmonie des mouvements, on a l'allure d'une ouvrière attardée ; la marche trop lente ne vous donne pas l'air majestueux, comme se l'imaginent bien à tort certaines femmes.

Il faut donc adopter une vitesse modérée, ne pas se tenir comme si on était empalée, rejeter légè-

6

rement les coudes en arrière et imprimer aux hanches cet imperceptible roulis tant prisé des Espagnols et qu'ils nomment *maneja*.

Il est important de savoir non seulement marcher, mais s'asseoir, se lever, se pelotonner dans un fauteuil, tenir un livre avec grâce; arriver à faire valoir soit le profil, soit le trois-quarts, si l'un est plus avantageux que l'autre.

Certaines femmes adoptent de petites mines, de petites façons qui sont charmantes avec tel genre de beauté, mais qui jurent étrangement avec tel autre.

Ainsi, les façons mignardes et mutines d'une petite blonde ne siéent nullement à une grande brune; pas plus que les manières grande *dame*, les gestes larges ne vont à une petite blonde.

On s'habitue facilement au laisser-aller, et, si on ne prend soin de veiller sur soi, on s'accoutume peu à peu à des façons vulgaires.

Ainsi, c'est tout un poème de descendre de voiture.

Il ne faut pas bondir, sans toucher le marchepied, sous prétexte qu'on est légère; pas plus qu'il ne faut faire une station sur ledit marchepied.

Il convient, pour une femme élégante, de retrousser légèrement sa robe, de poser à peine un pied sur le marche-pied et de descendre, en se donnant un très léger élan ; de même pour monter.

Pour s'éventer, on ne doit pas adopter le geste automatique qui vous donne l'air d'une mécanique remontée ; l'éventail est un petit meuble parlant, spirituel, pour ainsi dire, il doit aller, venir, se fermer, se rouvrir, se déployer à demi, s'agiter doucement ou vivement, suivre, en un mot, les phases de la conversation, de la pensée de celle qui le tient.

On l'a nommé le « sceptre de la beauté féminine, » ce n'est pas une raison pour le tenir comme une trique.

Une jolie femme, au théâtre, ne doit pas faire « bravo » en frappant de son éventail dans la paume de sa main ; elle devra s'abstenir du bravo bruyant et se contenter du simulacre du bout de ses doigts gantés.

Pour prendre un verre de sirop, il ne faut le saisir qu'avec les trois premiers doigts, écarter le quatrième et tenir le petit doigt en l'air, légèrement recourbé.

Pour danser, il faut veiller aussi aux attitudes.

Se tenir très loin de son danseur vous donne l'air raide et empaillé ; se tenir trop près est, non seulement inconvenant, mais encore fort disgracieux.

Il faut appuyer légèrement l'extrémité de la main gauche sur l'épaule de son danseur, mettre la main droite dans la sienne, tourner légèrement la tête du côté gauche et cambrer un peu la taille.

Pas de raideur, mais pas de morbidesse, non plus.

Ces petits conseils peuvent vous sembler puérils, pris un à un ; mais suivis en bloc, ils forment le tout séduisant qu'on appelle : le charme d'une femme.

Nous allons, maintenant, si vous le voulez bien, chères et belles lectrices, passer au chapitre, toujours si intéressant pour la gent féminine, de la toilette.

Nous commencerons par le commencement, c'est-à-dire par les dessous ; choses que la vraie coquette, la jolie femme, soigne au-delà de tout, parce que c'est un luxe intime à elle.

La Parisienne préfère sacrifier ce qui se voit aux beaux dessous, et elle n'a pas tort.

Quoi de plus joli que d'entrevoir, sous le retroussis accidentel d'une simple robe de laine, le pied finement chaussé, la jambe gantée d'un joli bas et le floconnement mousseux de dentelles garnissant un jupon de soie d'une de ce teintes doucement apâlies, si en vogue en ce moment?

LA CHEMISE

On est loin, maintenant, des solides chemises de nos grand'mères, en toile inusable, garnies d'un petit feston, bien simple, bien honnête, ou d'une guipure au crochet, dans laquelle était passé, suprême élégance, un ruban comète rose ou bleu ciel.

Les chemises aujourd'hui sont de véritables merveilles qui, lorsqu'on sait s'arranger, ne reviennent pas plus cher que les chemises ancestrales ; si elles durent moins longtemps, elles sont en somme moins coûteuses, car la vraie toile de Hollande est à un prix fort élevé.

La fantaisie règne en maîtresse sur ce vêtement intime, et la femme élégante peut donner carrière à son goût en inventant, en innovant.

On fait de ravissantes chemises en nansouk

bleu-ciel, rose, saumon, mauve, vert Nil, décolletées soit en pointe, soit en carré ; garnies de dentelles, de guipures blanches ou noires, avec des nœuds « bébé » sur les épaules.

Ces chemises coûtent extrêmement bon marché et sont des plus seyantes.

La chemise de surah ou reps « frangée » est agréable pendant l'été ; elle remplace la flanelle avec avantage et ne devient pas, au lavage, sèche et jaune comme icelle. (Je donnerai dans les *Trucs de la Ménagère parisienne* le moyen de nettoyer le surah).

La chemise de soie noire, qui était, pendant de longues années, l'apanage des cocottes, est enfin entrée dans le domaine de la femme comme il faut et élégante.

Rien de plus joli, de plus flatteur que cette chemise, qu'on enjolive de rubans comète de toutes nuances. Je la conseillerai décolletée, carrée avec des entre-deux Chantilly posés « à clair », c'est-à-dire, laissant voir l'épiderme ; dans le bas, un volant froufroutant, garni d'une dentelle noire.

Une chemise originale et meilleur marché que les plus grossières chemises de toile bise est celle-ci, que j'ai inventée : chemise en andrinople, décolletée, pointée devant et derrière, garnie d'entre-deux et de dentelle guipure écrue.

Dans cette chemise, d'un rouge cru, vous êtes exquise.

L'andrinople, belle qualité, en 70 centimètres de large, coûte 70 centimes. Il faut deux mètres et demi pour une chemise.

Chemise, pantalon, jupon discret, pareils, font une jolie parure fantaisie de dessous.

L'andrinople est un tissu très chaud.

LES PANTALONS

On dit quelquefois d'une femme (oh ! bien rarement) qu'elle « porte la culotte » dans son ménage.

Bonne affaire à tous points de vue ; d'abord, comme autorité féminine, et ensuite, comme coquetterie, si les culottes sont aussi jolies que les pantalons fripons qu'on fait à présent.

Le pantalon a pris naissance dans « le Hangleterre ».

La pudeur des ladys maigres l'a inventé.

Au commencement de son règne, il tombait aux chevilles, tout droit, raide et disgracieux.

Maintenant, il arrive à peine au genou et se termine par un flot de rubans, il est garni de dentelle, de broderies, de pompons ; sa forme est exquise.

Bref, d'un objet de dessous, puritain, la coquetterie des Parisiennes a fait un adorable chiffon de luxe, par le besoin inné qui est en elle d'élégantiser tout ce qui, de près ou de loin, approche de leur petite personne.

Le pantalon se fait, en général, assorti à la chemise ; blanc, avec rubans de couleurs, ou en batiste, en surah, de teinte pareille à la chemise.

LES BAS

Les bas blancs ont vécu, malgré les efforts tentés pour les ressusciter.

En effet, ils étaient peu pratiques ; car, au bout d'une d'heure, leur immaculation était souillée ou ternie.

Le bas noir est le roi du jour, et je crois que cette royauté ne sera pas éphémère.

Les beaux bas de fil d'Ecosse à jours qui faisaient les grandes parures, il y a trente ans, sont relégués dans le sac aux oublis ; comme bas de cérémonie, le bas de soie noire unie est le mieux porté.

On a imaginé tout récemment une bien jolie mode avec les bas-chaussettes ; c'est-à-dire le pied et la demi-jambe en noir et le reste, de couleur claire ; cela avantage fort le mollet.

Les bas à entre-deux de dentelles noires et aussi ceux bordés de jais sont très jolis pour soirées.

Les bas de couleur avec semis de broderies sont de moins bon goût ; ils me font toujours penser à ces bas d'une duchesse d'Italie où étaient exécutées, en broderies fines, des devises galantes et des notes de musique !

Pour les bals, le bas de soie assorti à la teinte du soulier est ce qui se porte.

Jamais de bas blancs dans un soulier noir ou de couleur, surtout.

LES JARRETIÈRES

Du bas à la jarretière il n'y a qu'à monter.

« Honni soit qui mal y pense », c'est le cas de le dire, car cette devise, qui remonte à l'aventure de la duchesse de Salisbury, fut longtemps gravée sur les boucles de cuivre doré des jarretières à bon marché.

Les jarretières sont connues depuis longtemps.

Au moyen âge, les femmes portaient des chausses, ou caleçons rattachés au bas-de-chausses, au-dessous du genou, par des jarretières que l'exercice du cheval permettait d'apercevoir. Les bas-de-chausses étaient richement brodés et les jarretières étaient de véritables bijoux. Elles étaient garnies de perles et de diamants ; elles avaient des devises et des emblèmes.

La duchesse d'Orléans avait mis des larmes

et des pensées sur ses jarretières d'or (quinzième siècle). Sous Louis XIV et Louis XV, les bas de soie, roulés par dessus la culotte, étaient retenus au-dessus du genou par une jarretière de galon d'or, à boucle de diamant.

De nos jours, la jarretière en caoutchouc de de couleur, avec petit sachet parfumé, crans de cuivre ou d'acier, boucle idem, est reléguée aux calendes grecques.

On fait les jarretières en ruban ruché, avec un énorme nœud ou chou de ruban et de dentelle au-dessus du genou.

Les grandes élégantes ont des boucles en or émaillé, quelquefois même, enrichies de pierreries.

La coquetterie se niche dans les jarretières jusque chez les femmes d'une tribu de la Guyane, où les élégantes de l'endroit portent, comme unique vêtement, une jarretière rougie au « *roucou* » placée bien au-dessus du genou et très serrée, de façon à produire une enflure énorme, qui est considérée comme de bon goût !

Les plus jolies jarretières se font en ruban double face, rouge et rose, ciel et paille, mauve et vert, etc.

C'est un joli petit ouvrage à exécuter, votre savoir-faire de coquettes peut s'y exercer.

LE CORSET

Encore un objet de toilette qui a changé d'aspect, surtout depuis dix ans.

En 1830, les corsets de soie étaient réservés aux « créatures », comme disaient, avec une moue de dédain, les belles dames en papillotes de la cour de Louis-Philippe.

Maintenant, il n'est si petite bourgeoise qui n'ait son corset de satin.

Le corset de soie épaissit moins que le corset de coutil, il prend mieux la taille; il est vrai qu'il coûte cher; mais c'est une dépense à laquelle on ne doit pas regarder, car du corset dépend souvent toute la grâce d'une toilette.

Le plus joli corset est celui de moire ou de satin blanc; bien fragile par exemple; il faut donc choisir dans les teintes mauve, éventaillé vieil or, ou rose, vert d'eau, éventaillé vert jeune pousse ou maïs, cerise, éventaillé bleu d'azur, ou grenat foncé, bleu ciel éventaillé crevette, etc.

Je ne parle pas du corset de satin noir tout à fait tombé en désuétude.

Paul Bourget en avait mis un dans son ouvrage de psychologie féminine, *Mensonges*, si vrai, si vécu, et toutes les chroniqueuses élégantes l'ont honni pour ce manque de goût.

LES CHAUSSURES

La Parisienne, quelle que soit sa position, est toujours admirablement chaussée ; elle sacrifiera plutôt un chapeau à une paire de bottines.

Elle a raison, car rien de plus charmant qu'un petit pied cambré, spirituel (certes, spirituel, il existe bien des pieds bêtes !) finement chaussé.

Pour les marches un peu longues, je conseillerai la demi-botte, qui maintient le pied, l'empêche de tourner et conserve à la cheville toute sa finesse. Demi-botte de chevreau glacé piqué blanc, avec talons Louis XV, un peu bas, pour l'été.

Demi-botte de chevreau mat, claqué vernis, pour l'hiver.

Jamais de bottines de lasting ; elles sont allées rejoindre les bas blancs et les corsets de coutil.

On a essayé, et on essaie encore, de faire prendre

en France la mode des talons anglais, tout à fait plats; mais, pour nos petons cambrés, ils ne sont guère jolis; laissons-les donc aux pieds de soles de nos voisines d'outre-Manche.

Pour l'été, le soulier vernis découvert, ou le soulier de chevreau glacé, brodé de jais, est bien joli ; de même, le soulier de chevreau mastic avec broderies bois.

Pour les demi-toilettes, le Richelieu ou le Charles IX en vernis ou en chevreau glacé.

Pour les garden-party, le soulier bébé en maroquin crème est ravissant, mais pour le porter, il faut un pied cendrillonesque.

Pour le chez-soi, toutes les fantaisies sont permises et jolies.

Un conseil, en passant : en vous levant, mettez des chaussures larges; une heure après, des chaussures justes; une heure de patience encore, et vous pouvez arriver, sans souffrance, à mettre des chaussures très justes.

En enroulant une bande de papier un peu serrée autour des orteils, on supprime le petit supplice que font endurer les chaussures neuves.

Pour l'appartement, le soulier de velours noir, gros bleu ou grenat, avec boucle de cailloux du

Rhin, est très élégant; de même, d'allure coquette, le soulier vernis à talon rouge.

Pour les excursions dans les montagnes, la botte de chamois gris, ou couleur naturelle, a beaucoup de cachet.

Pour les châtelaines qui, de bon matin, s'en vont trottinant dans le parc ou les dépendances, on fait d'exquis sabots à bouts retroussés à la chinoise.

La mule doit être prohibée; elle déforme le pied, durcit le talon et, fut-elle pailletée de pierreries, est *toujours* de mauvais goût.

LES JUPONS DISCRETS

Ces petits jupons, qu'on met tout de suite après le pantalon, doivent être très étroits.

Ne songeons jamais à en porter en laine tricotée, cela est hideux!

Le discret doit se faire, l'hiver, en satin piqué, de nuance claire, avec deux ou trois plissés de dentelle blanche ou noire dans le bas.

L'été, en batiste de couleur; il peut, pendant les grandes chaleurs, remplacer le pantalon.

LA CHEMISE DE NUIT

Comme la chemise de jour, sa sœur se prête à toutes les fantaisies imaginatives :

En soie, cachemire, nansouck, batiste, à petites manches serrées aux poignets, forme reine ; avec manches à la juive, etc., etc.

Pour l'hiver, lorsqu'au lit on a l'habitude de faire la lecture, je conseillerai une chemise de nuit en cachemire crème, garnie d'entre-deux posés sur transparent de couleur, forme robe de moine, avec petit capuchon pouvant se rabattre sur la tête et empêcher le froid, partant les névralgies, si communes à notre époque névrosée.

Les chemises de nuit, fond blanc, à dessins de couleur, sont gaies à l'œil.

LES OMBRELLES

Ainsi que les éventails, les ombrelles ont subi leur révolution.

Il y a quelque trente-cinq ans, on avait deux ombrelles; une noire, à manche d'ébène, et une petite ombrelle marquise, en soie blanche, recouverte de Chantilly noir ; et cela suffisait.

Maintenant, c'est un régiment d'ombrelles qu'il faut.

Une en tulle noir plissé accordéon, manche racine; une en soie rouge, unie, manche bambou ; une en soieries à bouquets, manche bijouterie ; une en gaze de soie blanche, manche Saxe ; et je ne compte pas les fantaisies qui naissent et meurent en une saison : les ombrelles carrées, les ombrelles Loïe Fuller, etc., etc.

Les en-cas sont plus sages ; ils ne varient guère.

Toujours les taffetas changeants ou unis en teintes foncées.

Le parapluie, non plus, ne change pas ; c'est un meuble, et non une arme de coquette ; mais, depuis Louis-Philippe, de *parapluiesque* mémoire (pardon du mot), c'est toujours la même chose ; un peu plus mince peut-être, « aiguille » comme on dit, mais, sans changements appréciables.

LES MANTEAUX

Une femme doit posséder dans sa garde-robe une série de manteaux *de fond,* plus les innombrables fantaisies qui, comme les roses, éclosent pour mourir.

Premièrement, un vêtement en tissu caoutchouté, dans les tons gris ; on en fait de fort jolis en laine et soie.

Une grande cape ; ce vêtement sera toujours portable, quels que soient les changement de modes ; il est si commode, si pratique : long et large, il peut dissimuler au gré de celle qui le porte, une toilette négligée ou le plus galant déshabillé.

Je le conseille en tissu bourru de teinte foncée ; brun, gris-vert ou bleu marine ; une doublure de soie rouge.

La jaquette de loutre ou d'astrakan, plus ou

moins longue, avec des manches plus ou moins larges, selon le caprice du moment.

La grande visite, sortie de bal, doublée de chèvre du Thibet, douce, chaude et moelleuse.

Je conseillerai une soierie japonaise aux fleurs et aux oiseaux fantastiques se poursuivant en un vol éperdu, sur un fond de satin bleu lavé ou rose ibis; une passementerie de perles multicolores doit orner ce manteau qui sort de l'ordinaire des sorties de bal en peluche, velours ou satin.

Jamais, au grand jamais, ne porter un vêtement, fait avec un châle de l'Inde, si beau qu'il puisse être; on les réserve pour draper les pianos, les colonnes, etc.

Le grand manteau de velours noir reprend droit de cité, et c'est justice; il est si joli, si seyant, si comme il faut.

La mode est aux petits collets, ayez-en donc deux.

Un, en velours héliotrope, garni de vison ou de toute autre fourrure, et doublé de satin vieil or; un autre; en taffetas changeant, de couleur claire, recouvert d'un haut volant de dentelle, soit bise, soit noire; un empiècement de passementerie or et argent mélangés.

N'oublions pas le cache-poussière dans cette nomenclature.

A propos de manteau, voici une anécdote qui montre la coquetterie des femmes.

Le roi Artaxercès (vous voyez que je remonte bien loin) avait reçu de sa femme un superbe manteau, brodé de ses mains, et il le portait aux jours de fête.

La femme d'un des grands dignitaires de la cour avait été remarquée par le roi, pour le charme de ses chants et la grâce de ses danses; il lui offrit de lui donner ce qu'elle désirerait.

Or, comme depuis longtemps elle admirait le fameux manteau, elle n'hésita pas à le lui demander.

Le monarque, très embarrassé, n'osa point refuser le vêtement. quoiqu'il eût crainte de mécontenter sa femme.

Ce fut du reste ce qui arriva.

Mais, la reine dissimula son ressentiment; au contraire, elle invita à un festin la femme du dignitaire et lui offrit la moitié d'un oiseau rôti, qu'elle coupa elle-même en deux.

Seulement, la partie du volatile que la reine offrit à l'infortunée était empoisonnée, et la malheureuse ne tarda pas à expirer dans d'affreuses souffrances.

La reine reprit le fameux manteau ; et l'esclave qui avait préparé le poison avoua sa complicité au roi.

Celui-ci n'osa pas faire mourir sa femme du supplice des empoisonneurs qui consistait, en Perse, à leur écraser la tête entre deux pierres ; il se contenta de la reléguer dans une ville.

Quant à l'esclave, elle eut le sort des empoisonneuses.

Et tout cela... pour un manteau !

LES VOILETTES

Peu de femmes sortent sans voilette.

C'est, d'ailleurs, charmant à miracle, ce fin réseau de tulle qui ne rappelle en rien l'origine des voiles et leur destination primitive.

En principe, le voile était un rempart pour la pudeur ; en Turquie, le voile des femmes, le « goduni » est une pièce d'étoffe trouée à l'endroit des yeux.

En Europe, au contraire, c'est une parure piquante, qui dissimule bien des imperfections et fait ressortir bien des joliesses.

Le voile seyant par excellence est le voile blanc à pois noirs ; il donne de la fraîcheur au teint, de l'éclat aux yeux ; le voile tout blanc « empierrotte » un peu le visage ; il convient aux brunes à teint mat.

Le voile noir uni est peu avantageux.

Le voile noir à pois convient à toutes.

Ne mettez jamais de voiles rouges, violets ou bleus; ils donnent d'atroces reflets au plus joli teint du monde.

La voilette se porte coupée ronde ou carrée: cela dépend de la forme du visage.

On la porte descendant au-dessous du menton, en s'arrêtant au ras de la lèvre supérieure.

Jamais de voilettes à pois dorés.

LES GANTS

Les gants noirs tiennent le record de l'élégance depuis nombre d'années.

Même avec les toilettes de teintes claires on mettait de longs gants noirs montant au-dessus du coude.

Cette mode a l'air de s'en aller et les gants clairs font mine de reprendre droit de cité.

Pour mon compte, je le regrette ; le gant noir accusait la petitesse de la main ou en dissimulait la grandeur ; puis, sur un bras nu, il était très avantageux, faisant ressortir la blancheur de la peau.

Pour les courses du matin, les « trottinages », le gant cuir de Russie à quatre boutons, avec grosses piqûres, est bien porté.

Les gants gris perle à broderies noires pour les visites.

Le long gant de Suède, mauve ou blanc, pour les soirées, les bals.

Ne vous avisez jamais de mettre des mitaines, même pendant les plus fortes chaleurs, c'est du dernier mauvais goût.

Les gants à broderies compliquées ne sont pas non plus ceux que doit choisir la femme élégante.

Se bien ganter est un art ; il faut, pour ce, se ganter *juste*, sans pourtant stranguler la main.

Pour une minime somme en plus, on fait faire ses gants sur mesure, ce qui est beaucoup plus joli, je dirai même plus pratique, car un gant allant bien ne se déforme pas et est plus d'usage.

On a de jolis gants fantaisie, non plus chargés d'ornements comme du temps de Catherine de Médicis, où les gants, du reste, étaient à plusieurs fins, puisqu'ils servaient au besoin à empoisonner.

LES ROBES

Il est impossible de donner un conseil pour les robes ; chaque saison, pour ainsi dire, la mode change.

Il y a seulement quelques principes généraux à établir pour le choix des étoffes.

Le matin, les bures, les serges, le petit drap, dans les formes les plus simples et dans les teintes grises et beiges.

Pour les visites, les sorties de l'après-midi, les lainages à la mode, mélangés de soie.

Pour le soir, le velours, la moire, le satin.

Pour les bals, les gazes, les crêpes, les tulles, à l'usage des jeunes filles.

Les jeunes femmes ont les brochés, les dentelles.

En somme, c'est à vous de voir ce qui se fait et d'en tirer le meilleur parti possible.

LES ÉVENTAILS

L'éventail, l'arme de Célimène, est nommé le sceptre de la femme, mais combien peu savent le manier !

Nos mères avaient en tout deux ou trois éventails ; l'éventail en parchemin, où une peinture plus ou moins fine représentait un berger bleu et rose offrant une tourterelle enrubannée à une bergère rose et bleu, ou un marquis, au jarret tendu, tendant avec un geste mignard un bouquet de roses à une marquise précieusement attifée ; cet éventail était monté en ivoire travaillé, avec incrustations d'or et d'argent.

L'éventail de soie noire pailleté d'acier, monté en ébène ajouré.

L'éventail de gala, en chantilly noir ou blanc, monté sur nacre.

Maintenant, une femme élégante a des éventails par douzaines, s'assortissant aux toilettes.

La nacre et l'ivoire sont bien démodés ; la vogue est à l'écaille blonde ou brune.

Je conseillerai, pour les grandes circonstances, un éventail de plumes d'autruche blanches, montées sur écaille blonde, avec le chiffre en brillants sur un des montants.

Pour le théâtre, l'éventail de plumes noires, monture écaille brune.

Pour les diners, l'éventail ancien, petit de taille, se mettant facilement en poche.

Pour la campagne, l'immense éventail en soie écrue, pouvant servir au besoin d'ombrelle ; monture bois rustique.

Le genre est de faire écrire, à l'encre de chine, par un poète de ses amis, quelques vers inédits au coin dudit éventail.

Les éventails ont régné de tout temps.

Les primitifs se servaient de feuilles d'arbres.

Plus tard, sous Charles IX, les éventails affectèrent la forme de petits drapeaux ; ensuite, la forme écran, en plumes avec petit miroir au milieu ; c'étaient alors les belles et honnestes dames de Brantôme qui s'en servaient.

Sous la Pompadour, l'éventail était à peu près ce qu'il est resté jusqu'à ce jour.

Il existe des collections d'éventails extrêmement curieuses et qui valent plusieurs millions.

LES GRANDS JUPONS

Sont maintenant le grand luxe de la Parisienne.

On est souvent tout étonnée, en voyant une femme vêtue plus que modestement, découvrir en se retroussant une merveille de jupon, digne des Mille et Nuits.

Le jupon blanc, chanté par nos pères, est défunt, bien défunt; si vous en avez, faites-en cadeau au plus vite, chères lectrices.

Il faut tout un jeu de jupons de dessous.

Premièrement, pour les jours pluvieux, le jupon de moire noire ou de satin noir, garni de guipure noire ; trois ou quatre *engrelures* où sont passés des rubans comètes vieux rose, vert Nil ou bouton d'or sont la seule note de couleur.

Le jupon en taffetas glacé, couleurs changeantes, rose et vert, rouge et jaune, ciel et maïs, garni de petits volants déchiquetés pour les jours ordinaires.

Le jupon de soie d'une teinte douce, telle que ciel, rose-thé, Nil, avec cinq ou six rangs de dentelles blanches, avec des ruchés de rubans de satin, d'une teinte pareille au jupon, mais un peu plus foncés, posés sur chaque rang de dentelle, est réservé aux toilettes habillées.

Le jupon en brocart, broché de fleurs, de ramages de couleurs, d'or ou d'argent, dans les tons doucement apâlis des vieilles soieries, est le jupon de grand gala.

On fait de véritables merveilles.

En voici trois que j'ai admirés chez une de mes amies, la marquise de C... M...

Jupon en satin bleu-ciel, broché de bouquets de roses de Bengale, retenus par un lien d'argent ; le jupon est découpé en créneaux ; chaque créneau est bordé d'une petite soutache d'argent mat ; entre chaque créneau, un haut volant de vieille dentelle roussie.

Jupon en faille mauve-rosée, avec larges pastilles blanches ; haut volant de dentelle blanche, posé en baldaquin et retenu, de distance en distance, par de petits choux de rubans comète mauve.

Jupon en moire blanche, broché de bouquets de fleurs de toutes teintes ; dans le bas, huit volants plissés, posés l'un sur l'autre, de toutes les teintes des fleurs, harmonieusement posés, forment un adorable fouillis ; au-dessus, un volant de tulle, point d'esprit blanc, avec huit engrelures où passent de petits rubans des huit couleurs des volants, complètent ce ravissant jupon.

Mais, point n'est besoin d'avoir des jupons aussi luxueux pour être élégante en ses dessous ; un jupon de faille bleu marine avec plissés ciel et dentelle blanche est aussi fort joli.

Pour l'été, on fait aussi des jupons de jaconas de couleur, avec une rangée de sept ou neuf petits volants bordés chacun d'une valencienne ; c'est léger, vaporeux, mais ne peut se mettre plus d'une fois.

ROBES D'INTÉRIEUR, ROBES DE CHAMBRE

Il existe une distinction très subtile entre ces deux mots.

Il y a seulement une quinzaine d'années que la robe d'intérieur prit droit de cité chez nous.

Avant, les robes se subdivisaient en toilettes de sortie, de théâtre, de courses, de visite, de chambre ; maintenant, on a ajouté la robe d'intérieur, qui est d'un genre tout à fait spécial, dans lequel le goût, la coquetterie, l'innovation d'une jolie femme peuvent se donner libre carrière.

En effet, cette toilette qui n'est destinée à être vue que par les amis (ou soi-disant tels,) permet la pointe d'originalité, je dirai même « d'excentricité » qu'on évite pour les robes de sorties.

Je conseillerai donc pour la robe d'intérieur tout ce qui vous passera par la tête.

Tunique grecque en crépon ciel ou rose, avec galons d'argent.

Robe à la juive, en riche brocart, avec les grandes manches fendues qui laissent admirer de beaux bras.

Robe japonaise, aux fleurs étrangement fantastiques.

Veste de toréador, en velours améthyste, sur robe de crêpe de Chine soufre.

Robe de baptême en mousseline blanche, avec devant orné d'entre-deux et de dentelles.

Robe de moine, en grosse bure brune, avec revers de satin crevette et capuchon doublé de même. Oh ! le joli moinillon que vous ferez !

Toilette à dessins Pompadour et à plis Watteau, très seyante pour les femmes grandes et minces.

La robe de chambre est celle qu'on revêt au saut du lit; dans laquelle on vaque à ses occupations matinales.

On la fait généralement soit en cachemire, ornée de dentelles et de broderies; soit en molleton, pour l'hiver; soit en percaline de couleur, pour l'été.

Elle est pour ainsi dire « classique », et ne se garde que quelques heures; à peine si on se permet de déjeuner avec elle, en famille.

La robe d'intérieur, au contraire, est des plus élégantes; on peut recevoir avec les visites les plus cérémonieuses.

Je vous recommanderai, charmantes lectrices, d'harmoniser la robe d'intérieur avec votre type.

Êtes-vous d'un extérieur gracieux, plutôt que joli?

Alors, quelque chose de léger, de vaporeux, de « fouillis ».

Possédez-vous un type noble?

Alors, prenez une robe aux belles lignes, simples, ondoyantes.

Avez-vous un visage passionné?

Des tons heurtés, tranchés.

Un type artiste, personnel?

Une toilette originale.

En somme, la robe d'intérieur est un prétexte à déguisements seyants; c'est pourquoi, toutes les femmes l'ont vite adoptée.

LES CHAPEAUX

Le fameux chapitre des chapeaux !

Aimé d'Aristote et de toutes les femmes!

En effet, le chapeau est en quelque sorte l'auréole de la beauté ; c'en est le cadre direct.

Tel chapeau nous embellit, tel autre nous défigure.

Si vous avez un visage auquel sied le chapeau rond, la création plus ou moins excentrique, gardez-vous bien d'adopter la capote, sérieuse, sévère, et qu'on a bien le temps de porter, lorsqu'on est vieille ; et, encore combien de femmes conservent le chapeau rond bien longtemps, trop.

Au siècle dernier, la modiste par excellence était mademoiselle Fredan, qui tenait, rue de la Ferronnerie, une boutique de modes, à l'enseigne de « l'Echarpe d'Or. »

Pour les chapeaux, le mot de mademoiselle Bertin, la modiste du temps de Louis XVI : « Le neuf le plus nouveau, c'est le vieux », est bien vrai.

Ainsi, en ce moment, les chapeaux cabriolets 1830 tentent de faire leur réapparition, et on les trouve jolis, après les avoir honnis.

Toute femme doit avoir une toque de loutre, un chapeau mou, en feutre gris, pour le voyage.

Un grand chapeau de jardin en yokohama; c'est le genre, de porter ce couvre-chef, qui coûte 20 centimes, et qu'on garnit d'une barbe de vraie dentelle de Bruges attachée par un bijou ; on y ajoute généralement un piquet de fleurs naturelles.

Pour les chapeaux de théâtre, de visite, c'est le signe de la fantaisie, du goût, de ce qui plaît, en un mot; et ne craignez pas une pointe d'originalité.

Le seyant ne suffit plus aujourd'hui.

Redoutons surtout ces formes popotte qui vous donnent un air de bourgeoise endimanchée.

LES BIJOUX

Pour les boucles d'oreilles, les boutons de brillants, montés invisibles, et les perles entourées de brillants ou non, sont les seules jolies.

Les fantaisies ne se portent plus du tout.

Quelques élégantes qui possèdent des parures de rechange, ont des rubis, des saphirs, des émeraudes, mais elles ne les mettent pas souvent, et se tiennent aux perles, pour le jour, et aux brillants, pour le soir.

Les colliers déparent plutôt la beauté; ils lui donnent un cachet de vulgarité.

Lorsque la ligne du cou est parfaite, chose rare, et par cela même plus appréciée, on doit éviter les bijoux qui cacheraient cette adorable ligne qui rattache le cou aux épaules et à la poitrine.

Les colliers se porteront donc en brandebourgs,

en épaulettes sur le corsage, en diadème dans les cheveux, rattachant une draperie, retenant un bouquet, enfin, comme vous voudrez, excepté au cou, à moins, toutefois, que vous ne vouliez dissimuler quelques plis désavantageux.

Les bracelets, les bagues doivent se porter avec modération.

Les broches ne doivent pas se mettre juste à la fermeture du corsage; un peu de côté est préférable.

Je crois, chères lectrices, avoir à peu près parcouru la gamme de tout ce qui peut nous parer et nous embellir.

A vous de faire le reste par la science innée qui est en la femme pour rehausser, présenter à leur avantage, ses attraits personnels.

Le goût, le « chic », sont des attaches puissantes pour le mari; ayons donc goût et « chic » pour notre toilette, notre intérieur.

Je reviendrai sur ce sujet dans *Le royaume de Madame*.

Si vous vous êtes trouvées plus belles en usant d'un de mes secrets, vous en chercherez d'autres pour embellir votre nid.

QUELQUES RECETTES

QUELQUES RECETTES

Maintes personnes aiment à confectionner elles-mêmes leur parfumerie, et elles ont grandement raison.

Outre que les choses fabriquées par vous-mêmes, chères lectrices, sont parfaitement inoffensives, car vous savez ce que vous employez, le prix en est infiniment moins élevé ; donc, tout profit.

J'ai cherché un peu partout pour réunir force recettes.

C'est à vous d'opérer une sélection, un choix selon vos goûts, vos besoins.

Je ne suivrai pas l'ordre alphabétique, ni aucun

autre; c'est au hasard que je donnerai ces recettes conseillées par des parfumeurs, des pharmaciens, des médecins, même.

Pâte pour polir les ongles.

Magnésie.	10 grammes.
Carmin en poudre.	25 centigr.
Glycérine.	5 grammes.

Mélangez et triturez le tout de façon à lui donner la consistance d'une pâte molle, dans laquelle vous trempez la brosse à ongles.

Cette composition donne aux ongles un beau poli.

Pour blanchir les ongles.

Acide sulfurique délié	10 grammes.
Teinture de myrrhe	5 —
Eau distillée	125 —

Laver d'abord les ongles avec du savon, puis les tremper dans ce mélange; je dois ajouter que de blanchir les ongles n'est plus de mode; on préfère, avec raison, les avoir roses, avec un petit croissant à la naissance; mais, tous les goûts sont dans la nature.

Cold-Cream.

Faites dissoudre, au bain-marie, dans un récipient de porcelaine pas trop plat :

Cire blanche	20	grammes.
Huile d'amandes douces. . . .	125	—
Spermacète.	40	—

Lorsque le tout est fondu, retirez du feu, et ajoutez, peu à peu, 80 grammes d'eau de rose, en remuant et battant sans discontinuer.

Lorsque le mélange est à peine tiède, ajoutez une dizaine de gouttes d'essence de rose, et mettez en pots, avec une feuille de papier d'étain dessus, plus une enveloppe de papier fort.

Eau contre les pellicules.

Eau distillée de Mélilot	50	grammes.
Eau de Cologne.	10	—
Carbonate de soude	5	—
Saponine.	1	—

Frictionnez-vous, matin et soir, avec une brosse douce.

Pommade antipelliculaire.

Huile de ricin.	15	grammes.
Moelle de bœuf	25	—
Fleur de soufre	1	—

Quelques gouttes d'une essence parfumée, à votre choix.

Autre recette.

Faites dissoudre dans un verre d'eau, plein un dé à coudre de borax en poudre, et servez-vous de cette solution pendant quelques jours au moyen d'une brosse, et après avoir, au préalable, bien brossé la tête.

Eau-de-vie de lavande.

Mettez dans un pot de grès un litre d'excellente eau-de-vie et trois poignées de fleurs de lavande ; conservez dans un endroit sec le pot soigneusement bouché.

Eau de toilette.

Voici la recette (peu connue) d'une eau de toilette exquise, qui m'est fournie par un ancien parfumeur, lequel a maintenant, et grâce à elle, une fort belle fortune.

Essence de Néroli	4	grammes.
Essence de lavande	15	—
Essence de thym	8	—
Essences de roses	10	gouttes.
Essence de citron.	30	grammes.
Acide acétique	10	—
Teinture d'ambre gris	10	—
Alcool rectifié.	1	litre.

Mélangez les essences avec l'alcool.

Au bout de quelques heures, filtrez, afin d'avoir une eau de toilette bien claire ; ajoutez seulement l'acide acétique, lorsque le mélange est filtré.

Autre recette contre les pellicules.

Il s'agit simplement de se laver la tête avec de l'eau de goudron filtrée.

De toutes les recettes, celle-ci est celle que je préfère.

Recette de Lola Montès contre la chute des cheveux.

La célèbre danseuse la tenait d'un médecin anglais, et s'en servait fréquemment.

On sait que la chevelure de Lola Montès était merveilleuse.

Sciure de bois	180	grammes.
Esprit de vin	360	—
Esprit de romarin	60	—
Teinture de muscade.	15	—

Faites macérer quinze jours, filtrez, et faites des frictions tous les matins.

Pâte pour faire disparaître les rides.

Battez trois blancs d'œufs avec 15 grammes d'huile d'olives et une cuillerée à bouche d'eau de laurier-cerise.

Quand le mélange est bien opéré, ajoutez-y 10 grammes d'alun en poudre fine, puis étendez e tout sur un masque de mousseline placé au-dessus d'un réchaud d'eau bouillante.

Laissez la pâte s'épaissir, et couvrez-vous le visage de ce masque, avant de vous mettre au lit.

Autre recette.

Exprimez le jus d'un certain nombre d'oignons de lis blanc, afin d'obtenir 70 grammes de liquide, ajoutez 70 grammes de miel de première qualité et 40 grammes de cire vierge, fondue au bain-marie.

Mélangez bien le tout et frottez légèrement, matin et soir, les endroits susceptibles de se rider.

Vinaigre de toilette désinfectant.

Ether acétique	4	grammes.
Acide acétique concentré. . . .	120	—
Teinture d'eucalyptus	30	—
Eau de Cologne.	1000	—

En ajouter quelques gouttes à l'eau qui sert à faire votre toilette.

C'est un désinfectant d'une odeur très agréable.

Eau de Cologne.

Dans le commerce, la bonne eau de Cologne se vend toujours cher; celle qui se vend à bas prix est composée d'alcools de grains, de mélasses ou de fécules incomplètement épurées et avec des essences communes de thym, de lavande ou de romarin.

On distingue aisément ces produits inférieurs à leur odeur seule, bien moins agréable que celle des qualités supérieures. Pour cela, on verse dans le creux de la main quelques gouttes de l'eau de Cologne que l'on veut apprécier et on les laisse évaporer ; puis, on humecte avec un peu d'eau ordinaire la place d'où la liqueur aromatique s'est exhalée : il reste alors une odeur parfaitement dégagée de l'influence de l'alcool et dont, par suite, on apprécie mieux la qualité.

Pour obtenir une eau de Cologne qui imite parfaitement celle qui se vend dans les maisons les plus renommées, il faut que les ingrédients qu'on emploie soient de première qualité, récemment préparés, et surtout, que l'alcool soit bien pur et au degré voulu. Voici une de ces recettes, simple, peu coûteuse, qui revient à 4 francs le litre.

Mêlez ensemble :

Alcool à 36°	1 kil. 500 gr.
Essence de romarin	4 grammes.
Essence de cédrat	4 —

Essence de citron	4 grammes.
Essence de bergamote	4 —
Essence de Néroli	4 —

Filtrez ce mélange et conservez-le dans des flacons bouchés avec soin.

Autre recette, supérieure et d'un prix un peu plus élevé.

Alcool à 36°.	1 litre.
Essence de bergamote	10 grammes.
Essence de cédrat	10 —
Essence de citron	10 —
Teinture de Néroli	20 gouttes.
Teinture de Benjoin	10 —
Teinture d'ambre	10 —

Deux heures après avoir fait ce mélange, filtrez, mettez en bouteilles et bouchez.

Eau de Botot.

L'eau de Botot étant d'un usage très répandu, je crois bien faire et être agréable à bon nombre de mes lectrices en en donnant ici deux recettes.

Semence d'anis	32 grammes.
Clous de girofles	8 —
Cannelle	8 —

Pilez soigneusement ces ingrédients; mettez-les infuser pendant huit jours dans un litre d'eau-de-vie; au bout de ce temps, ajoutez un peu plus d'un gramme d'huile de menthe poivrée et quatre grammes de teinture d'ambre.

Passez le tout dans un papier à filtrer.

Autre recette.

Eau-de-vie.	1 litre.
Huile essentielle de menthe poivrée .	4 gr.
Semence d'anis étoile.	32 —
Girofle	8 —
Cannelle.	8 —
Cochenille.	4 —
Racine de pyrèthre.	32 —
Quinquina rouge.	4 —

Mettez tous ces ingrédients dans l'eau-de-vie pendant huit jours au moins, douze jours au plus, et faites infuser dans un flacon hermétiquement bouché; ensuite, faites filtrer et conservez en bouteilles bien closes.

Poudre pour les dents.

Voici quelques recettes excellentes :

Magnésie anglaise	32	grammes.
Quinquina rouge en poudre . . .	64	—
Essence de menthe	1	—
Essence de carmin	1	—

Autre recette.

Réduisez en poudre 8 grammes de charbon de bois de tilleul, 8 grammes de racines d'acore (*Acorus calamus*), 8 grammes de feuilles de sauge ; on mélange le tout.

Cette poudre est excellente pour raffermir les gencives, maintenir les dents en bon état et prévenir la carie.

Elle est facile à préparer et peu dispendieuse.

Autre recette.

Charbon lavé réduit en poudre .	20	grammes.
Quinquina.	40	—
Tannin pur	10	—
Calannus aromatique.	20	—
Menthe	20	—

Toutes ces substances doivent être réduites en poudre impalpable et bien mélangées.

Poudre dentifrice de Soustanos.

Craie préparée.	6 grammes.
Carbonate de magnésie.	3 —
Extrait sec de satanlira.	3 —
Essence de girofle	6 gouttes.
Essence de cannelle	6 —
Essence de menthe.	6 —

Nettoyage des dents.

M. Stanislas Martin conseille de passer, de temps en temps, au moyen d'une brosse, du savon amygdalin sur les dents, de se laver la bouche et de brosser les dents de nouveau.

Les matières qui salissaient les dents disparaissent bien par ce procédé.

Lait virginal (Pol Vernon).

Eau de roses	900 grammes.
Teinture de myrrhe.	10 —
Teinture d'opoponax.	10 —
Teinture de benjoin	10 —

Teinture de Quillaza, quantité suffisante pour émulsionner.

Essence de citron	4 grammes.

Pour la toilette des visages irritables et contre la terneur épidermique.

Pâte d'amandes pour la toilette.

Ayez : amandes amères, 500 grammes ; mettez-les dans un mortier de marbre, après les avoir préalablement jetées dans l'eau chaude afin de les peler plus aisément.

Ajoutez dans ce mortier :

Estragon.	60	grammes.
Savon	60	—
Miel	60	—

Pilez ces ingrédients et placez-les dans une terrine que vous mettez sur le feu.

Remuez sans cesse et doucement avec une cuiller de bois ; retirez du feu, mettez cette pâte dans des pots ; elle est excellente pour blanchir et adoucir les mains.

Pour se préserver du hâle.

Prenez de la crème de lait bien fraîche ; ajoutez-y la même quantité en poids d'amandes douces ;

fouettez le tout, pour mélanger intimement et parfumez de quelques gouttes d'essence à votre choix.

De cette composition, enduire très légèrement tous les soirs les parties les plus exposées au hâle.

Pour donner une légère teinte rose aux ongles et aux doigts.

Après s'être lavé et nettoyé les mains, et avant que les doigts soient tout à fait secs, frottez doucement l'extrémité avec un peu de coton, sur lequel on aura mis une très petite quantité de carmin réduit en poudre. Frottez de même les ongles et achevez d'essuyer les doigts, jusqu'à ce qu'ils soient bien secs.

D'abord, il ne restera sur les parties frottées qu'une teinte imperceptible ; mais elle deviendra plus sensible chaque jour.

Manière de faire d'excellent savon.

Prenez 500 grammes de savon de Marseille, blanc; coupez en petits morceaux et faites fondre au bain-marie avec quelques granules d'eau de rose et d'eau de fleur d'oranger, plus, quelques pincées de sel.

On peut mettre plus ou moins de fleur d'oranger ou d'eau de rose.

Quand le savon est fondu, passez-le dans un tamis.

Laissez refroidir pendant 24 heures ; coupez en tranches très minces, faites sécher au soleil et non à l'air.

Quand il est bien sec, faites fondre de nouveau avec de l'eau de rose et de l'eau de fleur d'oranger, passez une seconde fois et faites sécher une seconde fois.

On peut se servir de ce savon pour se laver le visage.

Pour conserver l'éclat des yeux et fortifier la vue.

Prenez une certaine quantité d'enphraise et faites infuser dans de l'eau filtrée. Retirez les plantes, exprimez-en le suc et bassinez-vous les yeux plusieurs fois par jour avec ce suc mêlé à l'eau.

Cosmétique remplaçant le savon de toilette pour blanchir et adoucir la peau.

Huile d'amandes douces. . . .	350	grammes.
Sirop ordinaire	12	--
Savon blanc ou crème de savon.	3	—
Essence d'amandes amères. . .	3	—
Essence de bergamote.	3	—
Essence de girofle.	1	— 1/2

Mélangez d'une façon très homogène le sirop et le savon mou, puis, placez le mélange dans un mortier et, à l'aide d'un versoir, faites couler peu à peu l'huile où ont été préalablement versées les essences.

Battez avec énergie et mettez en pots.

Pommade à la moelle de bœuf.

Quelques personnes continuent l'emploi de la pommade; je vais donc donner ici la recette de l'antique pommade à la moelle de bœuf.

Les graisses doivent être d'abord pilées, puis fondues au bain-marie, et enfin passées au travers d'un morceau de canevas.

La pommade se compose d'un tiers de moëlle, d'un sixième de graisse de bœuf, et d'un tiers et un sixième de graisse de porc.

Le mélange doit être fait dans cette proportion, quelle que soit la quantité de pommade que l'on veuille préparer.

Faites fondre le tout ensemble au bain-marie et passez.

Parfumez cette pommade en y ajoutant, au moment de la passer, 30 grammes d'une essence quelconque par 500 grammes de graisse.

Pommade contre la calvitie (Julien).

Moelle de bœuf	60 grammes.	
Extrait de quinquina	8 —	
Teinture de cantharides.	4 —	
Suc de citron	4 —	
Essence de cédrat	1 —	50
Essence de bergamote	10 gouttes.	

Manière de faire friser les cheveux plats.

Mélangez ensemble un peu de graine de lin, de graine de psyllum et de la racine de guimauve en quantités égales.

Faites bouillir, passez, laissez refroidir.

Mouillez ensuite les cheveux que vous désirez friser.

Pommade au quinquina pour les cheveux.

Prenez 125 grammes de graisse de porc, épurée et fraîche, deux petites cuillerées de quinquina en poudre ; mélangez ces ingrédients à l'aide d'une cuiller d'argent ; mettez en pots.

Simple et excellente.

Extrait d'ambre.

Voici un parfum exquis, d'une odeur très persistante.

Esprit de roses triple	1	décilitre.
Teinture d'ambre gris	2	—
Essence de musc	6	—
Extrait de vanille	25	grammes.

Eau d'héliotrope.

Faites infuser dans un demi-litre d'alcool à 33 degrés, 6 grammes de vanille et 60 grammes de fleur d'oranger double ; faites filtrer et colorer avec de la teinture de cochenille.

Eau-de-vie de Gaïac.

Faites infuser pendant quinze jours 60 grammes de bois de Gaïac dans un litre d'eau-de-vie ; agitez la bouteille de temps en temps, filtrez la liqueur.

Cette eau-de-vie constitue un excellent dentifrice qui peut remplacer l'eau de Botot.

Eau de la Reine de Hongrie.

Faites infuser dans un litre d'alcool :

Sommités fleuries de Romarin .	100	grammes.
Lavande	100	—
Marjolaine	100	—

Après quelques jours passez et filtrez cette infusion.

Lait d'amandes pour rendre la peau fraîche.

Pilez dans un mortier des amandes douces pelées, de 20 à 30, pour 25 centilitres d'eau ; ajoutez un morceau de sucre pour lier.

Quand vous aurez obtenu une pâte bien fine, délayez-la peu à peu avec de l'eau.

Passez le tout à travers une flanelle et aromatisez avec de l'eau de fleur d'oranger.

Moyen d'avoir le teint clair.

Se laver le visage soir et matin avec de l'eau tiède, dans laquelle on ajoute deux ou trois gouttes d'ammonjaque ou d'alcali liquide, avec de bon savon et une éponge, puis avec une autre éponge, rincez-vous bien la figure jusqu'à ce qu'il ne reste pas un atome de savon; rincez ensuite avec de l'eau de son froide.

Enfin, frictionnez-vous le visage avec de bonne eau-de-vie presque pure.

Lorsque vous avez le visage échauffé, ce moyen est souverain.

Poudres contre le hâle.

Blanche.

Amidon	500	grammes.
Sous-azotate de bismuth	100	—

Rose.

Amidon de riz	500	—
Laque carminée.	15	—
Essence de roses	1	—
Essence de Santal.	1	—

Lotion contre les taches de rousseur.

Faites bouillir du gruau dans de l'eau pendant quelques minutes, passez à travers un linge fin, ajoutez quelques gouttes d'eau de Cologne et lavez-vous le visage de cette eau deux ou trois fois par jour.

Recette pour enlever les taches de rousseur.

Les personnes dont la peau se tache sous l'influence du grand air et du soleil, celles principalement dont le séjour au bord de la mer brunit le teint, feront bien de se laver la figure et les mains deux ou trois fois par jour avec une décoction de fleurs de tilleul ou avec la composition suivante :

Eau distillée de cochlearia ou de roses.	250 gr.
Borax	4 —
Teinture de benjoin	4 —

Lotion au sulfure de potasse.

Pour faire disparaître les boutons, est très efficace ; malheureusement son odeur est loin d'être agréable au moment où l'on s'en sert.

Sulfure de potasse	30 grammes.
Eau	1 litre.

Huile de violettes.

Au printemps, au moment où les violettes ont tout leur parfum, en faire une cueillette abondante, enlever les tiges et en emplir un grand entonnoir dont on aura bouché le bec avec un tampon d'ouate, modérément serré.

Verser alors de l'huile d'amandes douces dans l'entonnoir qu'on couvre hermétiquement.

L'huile qui filtre goutte à goutte est chargée du parfum des fleurs.

On s'en sert pour parfumer la chevelure.

Les sachets.

Toute femme élégante et désireuse d'avoir autour d'elle une atmosphère embaumée discrètement, doit posséder force sachets de tous formats, de tous parfums.

Elle en confectionnera de minuscules, en soie, parfumés à l'héliotrope, et elle les mettra dans les piles de mouchoirs.

Il est à remarquer que le parfum se diffuse davantage en plusieurs sachets qu'en un seul.

Pour le linge de lit, tels que draps, taies d'oreillers, de grands sachets plats en percaline rose, et parfumés à la lavande, sont ce qu'il y a de mieux.

Pour le papier à lettre, mettez un peu d'ouate dans des enveloppes et de la poudre parisienne, dont je donnerai la recette un peu plus loin; variez les places de ces sachets peu coûteux, et faciles à faire; au bout de quelques jours, votre papeterie acquerra un parfum léger fort agréable.

Les sachets à la rose pour les ombrelles, les éventails.

Faites des sachets de la longueur de ces différents objets, et mettez-en un avec chacun d'eux.

C'est par ces mille recherches, futiles, si l'on veut, mais bien agréables, que la femme séduit, par tous les pores, pour ainsi dire.

Sachet à l'héliotrope.

Racines de violettes.	125	grammes.
Feuilles de roses	64	—
Vanille en gousse	16	—
Musc.	4	—

Pulvérisez le tout, mêlez; ajoutez quelques gouttes d'huile d'amandes, mêlez encore; mettez en sachets.

Sachet parisien.

Poudre d'Iris.	32	grammes.
Acore	32	—
Écorce d'oranges amères. . . .	4	—
Benjoin	16	—
Bois de santal jaune	8	—

Un peu d'ambre et un soupçon de musc; pulvérisez et mêlez.

Sachet de lavande.

Fleurs de lavande.	250	grammes.
Gomme de benjoin	64	—
Huile de Lavande.	16	—

Sachet à la rose.

Feuilles de roses séchées à l'ombre et pulvérisées	125	grammes.
Bois de santal pilé.	64	—
Huile de roses	2	—

Sachet à la rose.

Mélangez ces ingrédients pendant un quart d'heure ; mettez en sachets.

Recette pour parfumer les appartements.

Voici une recette excellente pour parfumer les appartements, d'une façon agréable, lorsque la saison ne permet pas de se procurer des fleurs.

Pendant l'été, recueillez des feuilles de roses, de mélilot, de tilleul et de menthe, en ayant soin, qu'au moment de la cueillette, elles ne soient pas couvertes de rosée.

Faites-les sécher rapidement à l'ombre, mêlez-les, emplissez-en de grandes potiches, en ayant soin de ne pas les tasser.

Pastilles du sérail.

Généralement, les pastilles du sérail se vendent assez cher dans le commerce, et cependant la fabrication en est bien peu coûteuse.

Voici la recette, que je dédie à ceux qui aiment ce parfum oriental.

Poudre de charbon	150	grammes.
Encens.	20	—
Cascarille pulvérisé	20	—
Benjoin	20	—
Myrrhe.	20	—
Poudre de salpêtre	15	—

Mêlez le tout, et donnez-lui de la consistance à l'aide d'un mucilage de gomme adragante.

Divisez alors la masse en petit cônes; faites sécher.

Vous avez, avec les quantités d'ingrédients ci-dessus, environ 200 pastilles du sérail pour 1 fr. 25 ou 1 fr. 50.

Pastilles contre la mauvaise haleine.

Café en poudre	15	grammes.
Charbon végétal.	15	—
Sucre en poudre	15	—
Vanille.	10	—

Mucilage de gomme arabique, quantité suffisante.

Mauvaise haleine.

Pour rendre douce et inodore la plus mauvaise haleine, mettre matin et soir quelques gouttes de la préparation suivante dans un demi-verre d'eau et s'en rincer la bouche.

Eau-de-vie de Gaïac.	125	grammes.
Eau-de-vie camphrée	10	—
Essence de menthe	10	gouttes.
Essence de cochléaria	10	—
Essence de romarin	10	—

Contre la transpiration des mains.

Eau de Cologne.	90 grammes.
Teinture de Belladone.	15 —

Frottez-vous les mains deux ou trois fois par jour avec une demi-cuillerée de cette mixture.

Guérison rapide.

UN PEU DE MÉDECINE

UN PEU DE MÉDECINE

Lorsque nous sommes en parfaite santé, toutes les fonctions de la vie organique s'accomplissent, à notre insu, avec un ensemble parfait des rouages infinis de la machine humaine.

Mais, fort souvent, nous abîmons par notre faute cet admirable ouvrage, en ne donnant pas à nos organes l'exercice qu'ils réclament.

Fréquemment aussi, nous l'outrepassons.

Il y a aussi l'écueil à éviter : ne pas suivre un régime en rapport avec notre âge, notre tempérament, notre constitution.

En excitant outre mesure notre système nerveux.

En ne rejetant pas tous les jours les détritus accumulés dans notre intérieur.

Les grands ennemis de la femme sont, de nos jours, l'anémie et la névrose.

Lorsque le mal est enraciné et existe depuis plusieurs années, il faut demander les avis d'un médecin.

Mais, au début, on peut enrayer assez facilement l'anémie et la névrose en recherchant les causes.

Il faut d'abord examiner si la vie n'est pas trop excitante ou trop sédentaire; si l'on respire un air sain, suffisamment renouvelé, si le régime est bon.

Un des plus grands ennemis de la santé qui sévit par suite d'un régime défectueux ou d'une vie trop inactive, ou d'un état de langueur maladive, c'est la constipation.

Il arrive alors que les intestins sont dans un état d'atonie, de langueur; il survient un encombrement de détritus alimentaires et de détritus organiques qui fermentent dans le canal intestinal et y produisent un échauffement, un malaise.

Il importe de s'occuper au plus vite de cet état de choses et d'y remédier, quelle que soit votre répugnance à vous occuper de cette partie de votre personne.

Voici donc, si vous êtes sujette à cette indisposition, une recette tout à fait moderne :

Prenez deux ou trois fois par semaine, à jeun, une petite tasse à café de thé purgatif.

Quelque chose d'excellent, comme remède préventif, est de boire, dès le réveil, un grand verre d'eau claire, bien fraîche.

Pour les femmes nerveuses, je conseillerai de longues marches à pied, en plein air, en plein soleil, sans craindre de se hâler un brin.

L'air de la mer énerve ; celui de la montagne détend.

Il faut éviter de boire thé, café, liqueurs, vin blanc, vin de Champagne, si votre tempérament est nerveux.

Ne pas pousser à une nourriture trop riche, trop animalisée.

Pour les anémiques, c'est le régime diamétralement opposé qui convient.

Des viandes rouges rôties ou grillées, des vins généreux, de l'hydrothérapie.

Les repas doivent se prendre, autant que possible, à des heures régulières.

Je conseillerai un premier déjeuner léger; lait, café au lait, chocolat, avec un morceau de pain fort petit.

Un second déjeuner substantiel.

Poisson ou œufs, viandes saignantes, légumes cuits, dessert.

A quatre heures, quelques personnes ont l'habitude de prendre quelque chose; je trouve que cela est déplorable pour l'estomac.

Les pâtisseries, verres de vin exotique, tasses de thé le surchargent inutilement; pourtant, lorsque le besoin s'en fait sentir, il faut manger; car il est très mauvais de rester sur sa faim.

Prenez donc un morceau de pain, ou un croissant, mais pas de sucreries.

A propos des marches, il ne faut pas aller jusqu'à la fatigue.

Une excellente coutume, pour une femme, est de s'étendre sur une chaise longue, deux ou trois fois par jour, pendant un quart d'heure.

Les bains de soleil, peu connus, sont excellents.

Voici en quoi ils consistent. (Pour les exécuter, il ne faut pas de voisin indiscret.)

Il faut tout simplement se mettre dans le costume de madame Eve, et s'exposer au soleil du matin pendant un quart d'heure; les pièces vitrées, comme les ateliers de photographes, sont propres à ce genre de bains, que je recommande particulièrement aux enfants lymphatiques.

Les femmes qui ont l'habitude de vivre sous de triples rideaux, sont pâlottes, souffreteuses, languides; du reste, c'est facile à comprendre; la lumière contient une sorte d'électricité qui tonifie les nerfs, vivifie le sang.

Une recommandation : ne faites pas épousseter, mais essuyer vos meubles avec un chiffon légèrement humide. Vous éviterez ainsi de faire voltiger tous les bacilles malsains qui, sous forme de poussière vivante, s'accumulent, pour le plus grand préjudice de notre santé.

Les vêtements doivent être plutôt chauds que frais.

Il faut éviter de coucher dans une alcôve.

Il faut un bon sommeil pour se reposer et être prête à recommencer la vie quotidienne.

Les insomnies sont de cruelles ennemies pour la santé et la beauté.

Elles échauffent le teint, alourdissent ou creusent les paupières; tâchez de vous endormir sur des idées souriantes pour que votre visage garde une expression sereine pendant le repos.

Contre l'insomnie.

Faites bouillir, dans une petite quantité d'eau, trois laitues, soigneusement lavées et épluchées ; lorsqu'elles sont réduites en bouillie, passez-les à la passoire et recueillez le jus qui en découle; sucrez avec du sucre.

Remède de Jean de Paris contre l'insomnie.

Jean de Paris, du *Figaro*, préconise un remède facile et agréable.

Il s'agit, tout simplement, de boire, au moment de se mettre au lit, un petit verre de vin de Malaga.

On peut toujours essayer ; ce n'est déjà pas si mauvais !

Autre remède contre les insomnies.

Les personnes nerveuses sont, plus que toutes autres, sujettes aux insomnies ; elles ont recours aux narcotiques qui finissent toujours par avoir une influence pernicieuse sur la santé.

Je recommande une méthode très simple, et qui leur procurera infailliblement le repos qu'elles cherchent par d'autres moyens; c'est de se faire frictionner, pendant quelques instants, avant de se coucher, soit avec un morceau de laine rude, soit, de préférence, avec une brosse à frictions.

Les rhumes de cerveau

Enlaidissent les plus jolis visages; ils rendent le nez rouge, et toute femme doit les éviter comme la peste.

Mais, si par malheur elle en a un, voici quelques bonnes recettes que j'ai pu expérimenter sur moi-même.

S'enduire les narines d'huile d'olive; priser de la fleur de souffre.

Pendant la nuit, se serrer fortement les tempes avec un fichu.

Au début d'un rhume de cerveau, on l'arrête infailliblement, si on prend le soin d'imbiber les narines à l'intérieur et à l'extérieur avec de la teinture d'arnica; un peu plus tard, on peut agir de même, et, quoique la teinture d'arnica, à l'intérieur des narines, donne une sensation pénible, on en éprouve cependant un grand soulagement.

Autre remède.

Le remède souverain et héroïque contre le rhume de cerveau est celui-ci :

Dès le début, s'entourer le front et les yeux d'un large fichu de mousseline, dans lequel on aura mis de la ouate.

Après quelques minutes, on sentira une vive chaleur qui sera suivie d'une transpiration locale très abondante.

On pourra, après, enlever le bandeau que suivra infailliblement l'affreux coryza.

Autre remède.

Pour se débarrasser immédiatement du rhume de cerveau, il faut, dès qu'on se sent atteint, se placer au-dessus de la vapeur d'eau bouillante, dans laquelle on a jeté quelques gouttes d'alcool camphré, en ayant soin de se couvrir la tête d'une serviette pour empêcher la déperdition de la vapeur.

J'en passe et des meilleurs.

Maintenant, chères lectrices, si vous êtes encore enrhumées du cerveau, vous y aurez mis de la bonne volonté.

Chambres à coucher.

« Ne faites de votre chambre à coucher ni votre cabinet de travail, ni votre bureau, ni votre atelier, ni votre cuisine, ni votre lieu de veillée ; ouvrez-en grandement les fenêtres pendant le jour et ne l'habitez que la nuit. »

Ce conseil est donné par Raspail.

Comme il est très bon, je ne manque pas de le rééditer.

De même, il ne faut pas avoir de fleurs dans sa chambre à coucher, ni fleurs odorantes, ni plantes d'appartement.

En effet, pendant la nuit, les fleurs et plantes absorbent l'oxygène et expirent de l'acide carbonique qui est contraire à la respiration.

Pendant le jour, c'est le phénomène contraire qui a lieu.

Fard inoffensif.

Prenez un demi-litre d'esprit de vin et mettez dedans :

Alun	4	grammes.
Santal rouge.	16	—

Cannelle.	4	—
Civette	4	—
Clous de girofle	1	douzaine.

Secouez bien le mélange et faites-le macérer huit jours dans une bouteille bien bouchée.

Pour l'emploi de cette composition, il suffit de tremper dedans un petit tampon de coton fin et de s'en frotter le visage, puis, l'essuyer avec un autre tampon sec.

Ampoules.

Lorsqu'à la suite d'une marche prolongée, il vous vient des ampoules, il faut les piquer pour en faire sortir le liquide, y découper une fente allongée et envelopper la partie malade de un ou deux tours de baudruche.

Abcès dans la bouche.

Lorsqu'on souffre d'un abcès à l'intérieur de la bouche, soit sur les gencives, soit à la partie interne de la joue, il est absolument inutile de s'affubler d'un bandeau, maintenant un cataplasme, lequel n'a que peu ou pas d'action. Il est bien plus simple de tenir constamment dans la bouche, du côté malade, une figue violette.

C'est le meilleur maturatif qu'on puisse employer.

Angines.

Les maux de gorge disparaissent rapidement en employant le gargarisme suivant :

Miel rosat	40	grammes.
Eau distillée	200	—
Acide phénique	10	—
Vinaigre pur de vin	15	—

Mêlez, agitez et gargarisez trois ou quatre fois par jour.

Aphtes.

Pour faire disparaître presque instantanément les aphtes ou petits abcès qui se forment sur la paroi intérieure des joues ou sur les gencives, il n'est pas de meilleure remède que l'eau salée.

Gargarisez-vous toutes les heures.

Attaques de nerfs.

Placer la malade sur un lit, pour l'empêcher de se blesser, et essayer de lui faire prendre quelques cuillerées d'eau sucrée avec de l'eau de fleur d'oranger.

S'il existe des signes de congestion, on mettra des sinapismes aux jambes.

Eczémas légers.

Pour les faire passer, on emploie beaucoup en Angleterre une eau cosmétique connue sous le nom de :

Lotion de Gowland.

Amandes amères	90	grammes.
Eau filtrée	300	—
Sublimé corrosif	8	centigr.
Sel ammoniac	8	grammes.
Alcool	16	—
Eau de laurier-cerise	15	—

On pile les amandes dans l'eau et l'on passe. D'un autre côté on fait dissoudre les sels dans l'eau de laurier-cerise et l'alcool.

On mêle le tout en agitant le flacon.

Pour s'en servir, imbibez un linge de la liqueur et appliquez-le sur la partie affectée.

Coliques.

Lorsqu'on ne connaît pas la cause des coliques, on peut toujours soulager le malade en lui appliquant des serviettes chaudes sur le ventre ou en y opérant des frictions avec une brosse douce, un morceau de flanelle ou même la main ; en lui faisant boire une infusion très chaude de tilleul, de menthe poivrée ou de feuilles d'oranger. Si le ventre est douloureux, on peut y appliquer des cataplasmes de farine de graine de lin.

Brûlures.

Un excellent moyen de calmer la douleur et de diminuer l'inflammation est de laisser tomber sur la partie malade de l'éther, goutte à goutte.

Lorsque la douleur est calmée, on enveloppe la partie malade de compresses trempées d'eau froide dans laquelle on a versé de l'extrait de Saturne ou du phénol avec moitié eau.

L'eau distillée de laurier-cerise, mélangée dans la proportion de 8 pour 100 avec de l'eau gommée, guérit rapidement les brûlures.

On peut aussi appliquer sur la partie brûlée une couche épaisse de collodion, de façon à produire une peau factice qui permette à la vraie peau de repousser en dessous, en empêchant en même temps l'air d'envenimer la plaie.

Cauchemars.

Le cauchemar provient toujours d'une digestion mauvaise, laquelle détermine une accumulation de sang au cœur. Si vous êtes sujettes aux cauchemars, chères lectrices, c'est fort désagréable.

Voici un remède qu'on me donne :

Faites votre premier somme dans votre fauteuil, en étendant les jambes sur un tabouret ; ensuite, couchez-vous, en ayant soin de tenir la tête suffisamment élevée.

En cas de persistance de cauchemars ou de rêves pénibles, il faut faire appeler immédiatement un médecin.

Constipation.

Pour combattre cet état si défavorable à la beauté et à la santé, on préconise des infusions de maûve musquée.

Contusions.

Appliquez immédiatement sur la partie affectée des linges imbibés d'eau froide, en les renouvelant souvent.

Si cette contusion est accompagnée d'une déchirure de peau, lavez la plaie et couvrez-la de charpie douce imbibée également d'eau froide.

Maintenir le tout au moyen d'une bande un peu serrée.

Baume contre les coupures.

Dès que vous vous êtes fait une coupure, vous y appliquez immédiatement soit un morceau de taffetas d'Angleterre, soit un morceau de sparadrap ; et souvent la guérison se fait attendre plus longtemps qu'on ne voudrait. Le mélange suivant, dont on imprègne une petite compresse, est beaucoup plus expéditif.

Teinture de benjoin.	Parties égales.
Teinture d'aloès	
Teinture d'arnica.	

Crampes d'estomac.

Les crampes d'estomac sont généralement dues à un état spasmodique de l'estomac; quelques cuillerées d'eau de fleur d'oranger sucrée, à laquelle on ajoute quelques gouttes d'éther, des frictions sur l'estomac avec quelques gouttes de laudanum; tel est le meilleur traitement à suivre.

Crevasses.

La tisane de mousse perlée (carragahin) n'est pas seulement bonne pour le rhume, elle est excellente pour les crevasses. Aussi, les personnes dont les mains se crèvent facilement sous l'action du froid, feront bien de se laver les mains deux ou trois fois par jour dans une décoction de mousse perlée (environ 20 grammes par litre d'eau).

Lorsque les crevasses sont saignantes, les enduire, le soir, de la pommade suivante :

Cold-cream	15	grammes.
Oxyde de zinc	1	—

Maux de dents.

Heureux ceux et celles qui ignorent les maux de dents!

Malheureusement, ils et elles sont en minorité.

Aussi, est-ce faire œuvre pie que de donner des remèdes contre cette atroce souffrance.

En voici deux qu'on me donne comme excellents :

Bouchez-vous les oreilles avec du coton trempé dans de l'eau de Cologne, puis, dans 15 grammes d'alcool, 36 degrés, mettez :

Essence de cannelle	5 grammes.
Essence de thym.	5 —
Essence de girofle	5 —

Mêlez bien le tout, trempez du coton dans cette composition et mettez-le à la place de celui ci-dessus.

Mettez aussi une petite quantité de cette liqueur sur la dent malade ; si la douleur ne cède pas aussitôt, crachez la liqueur et recommencez.

La fleur de pervenche, mâchée pendant quelques instants, jouit de la propriété de calmer presque instantanément les maux de dents ; mais, comme la pervenche ne fleurit pas en toute saison, il est bon d'en faire sécher une certaine quantité que l'on conserve dans un flacon bien bouché.

Encore un remède contre les insomnies.

Saupoudrez un verre d'eau avec 5 centigrammes de camphre en poudre et ajoutez-y trois petites gouttes d'éther sulfurique ; agitez et prenez la moitié du verre ; si vous vous réveillez la nuit, buvez le reste.

Engelures.

On préconise pour ce le céleri.

Faire bouillir le céleri dans de l'eau. Quand il est cuit, on le retire du feu et on le laisse un peu diminuer de température.

Il faut que la chaleur de l'eau puisse être supportée par la main. Les engelures y sont trempées pendant dix minutes. On les éponge ensuite et on les maintient à la chaleur, à l'abri de l'air.

L'immersion est renouvelée ainsi au moins deux fois par jour, après avoir fait réchauffer l'eau.

Celle-ci peut servir de quatre à six jours.

La démangeaison des engelures ne tarde pas à disparaître.

Engelures ulcérées.

Les engelures ulcérées sont particulièrement douloureuses par le grand froid et difficiles à guérir.

Lorsqu'on s'aperçoit qu'une engelure commence

à s'ulcérer, il faut la recouvrir d'un vernis composé d'un blanc d'œuf auquel on a mêlé un peu de rhum ou d'eau-de-vie. Ce vernis arrête les progrès de l'ulcération et active la guérison des engelures.

Autre recette.

Appliquer dessus, soir et matin, une pommade composée de 8 grammes de borate de soude et 30 grammes de pommade rosat sur du papier brouillard avec un linge par dessus.

Entorses.

Un remède énergique.

Placez le pied sous le tuyau d'une pompe et, pendant un quart d'heure, faites-vous administrer une douche locale; faites ensuite une forte friction.

Dans le cas où on ne pourrait employer ce moyen, le remède ci-dessous est également excellent. Il consiste à plonger le membre malade dans de l'eau très froide et à l'y laisser le plus longtemps possible, en ayant soin de renouveler l'eau à mesure qu'elle s'échauffe.

Fluxion.

Le meilleur moyen de s'en débarrasser est d'exposer la partie enflée à la vapeur d'une infusion bouillante de fleurs de sureau ou de mauve. On peut aussi conserver dans sa bouche ce liquide chaud.

Furoncles.

Les propriétés médicales de la feuille de chou sont généralement peu connues. Elles constituent cependant un excellent dépuratif pour les furoncles. Voici de quelle façon on l'emploie :

Prenez une feuille de chou, découpez-la en cinq ou six morceaux, faites-les chauffer devant le feu et empilez-les sur le furoncle en les maintenant avec une bande de linge.

Au bout de vingt-quatre heures, au plus, le furoncle se vide et entre en voie de guérison.

La préparation n'est ni coûteuse ni difficile.

Il suffit de réduire en pulpe un oignon cru, de le mêler avec environ son poids d'axonge, et de l'appliquer en couche un peu épaisse sur le furoncle.

Au bout de vingt-quatre heures, le bobo est arrivé à maturité.

Ramollissement des gencives.

Extrayez le jus d'une botte de cresson et gargarisez-vous avec deux ou trois fois par jour.

Mal de gorge.

Par les temps froids, les personnes qui ont les amygdales sensibles contractent facilement mal à la gorge et ont une aphonie momentanée.

Lorsque le mal de gorge est dû uniquement à l'inflammation des amygdales, on s'en débarrasse en quelques heures, en s'entourant la gorge d'une cravate formée d'un linge imbibé d'un mélange d'huile et d'ammoniaque. La rougeur extérieure produite par cette application disparaît bien vite.

Malaises occasionnés par la chaleur.

Il arrive souvent, lorsqu'on rentre de la promenade par une chaude journée d'été, et qu'on séjourne dans une pièce trop fraîche, qu'on éprouve un malaise tout particulier, une sorte de vertige.

Il est bon alors de prendre immédiatement un peu de café froid et de se laver avec de l'eau fraîche le visage et les mains. Le malaise disparaît immédiatement.

Moyen d'éviter le masque.

Il est assez naturel que les jeunes mères fassent tout leur possible pour éviter cette affection de l'épiderme connue sous le nom de « masque ».

Il parait qu'elles peuvent facilement s'épargner cet inconvénient en ayant soin de se couvrir tous les soirs la figure d'une couche de glycérine très légère. Cette petite précaution doit être prise tout le temps de la grossesse.

C'est ennuyeux, évidemment ; mais il est si désagréable de perdre la fraîcheur de son teint !

Maux de tête.

Les personnes sujettes aux maux de tête savent combien il est pénible de vaquer à ses occupations lorsque la tête est prise.

Voici le moyen d'opérer une dérivation efficace.

Avant de sortir, jetez une ou deux cuillerées de farine de moutarde au fond de vos bas.

Ce sinapisme permanent vous soulagera au bout de peu d'instants.

Névralgies faciales.

Introduire de petits morceaux de camphre dans un flacon d'éther, tant que ce liquide en peut dissoudre, et lorsqu'on souffre de névralgies, mouiller avec cette solution la partie malade.

On obtient ainsi, sinon la guérison, du moins un soulagement immédiat : ce qui est déjà quelque chose.

Douleurs d'oreilles.

Si vous avez éprouvé des douleurs d'oreilles, vous savez quelle souffrance atroce elles font endurer.

On parvient rapidement à se procurer du calme par l'application, sur l'oreille, d'un petit sachet rempli de grains d'avoine très chauds. On renouvelle les sachets lorsqu'ils sont refroidis.

Panaris.

Cette inflammation est dangereuse, aussi en faut-il arrêter le développement dès le début. On pourra chercher à calmer la douleur par des bains tièdes de décoction de guimauve et de pavots et par des cataplasmes faits avec la même décoction et de la mie de pain.

Si on n'y parvenait pas, consulter tout de suite un médecin.

Piqûres d'aiguille.

Mesdames, vous qui occupez vos loisirs à faire de la tapisserie avec les rudes laines de Hambourg, méfiez-vous des piqûres de vos aiguilles, car beaucoup de ces laines sont teintes avec des matières éminemment toxiques.

Si, par hasard, vous venez à vous piquer, plongez immédiatement le doigt, soit dans de l'alcool camphré, soit, mieux encore, dans l'alcool additionné de quelques gouttes d'acide phénique.

Plaies traitées par la glycérine.

Trempez de glycérine un morceau de linge fenêtré — le plus usé et le plus vieux possible — et appliquez-le sur la plaie. Par-dessus, un peu de charpie, une compresse, une bande ; c'est tout.

Le lendemain, enlevez l'appareil. Pas de douleur. Le mal a disparu.

Tisane contre le rhume.

On emploie souvent contre le rhume la tisane de fleurs de violettes, laquelle, soit dit en passant, est fort anodine. La décoction des racines de cette plante possède des propriétés assez actives ; elle est légèrement émétique et facilite beaucoup l'expectoration.

On fait bouillir les racines (20 grammes par litre d'eau) pendant une demi-heure environ, et on mélange la décoction avec un peu de lait.

Potion pour calmer la toux.

Gomme arabique. . . . . 30 grammes.
Sucre candi. . . . . 100 —
Une tête de pavot.

Faites bouillir dans un demi-litre d'eau et laissez réduire de moitié, passez le tout dans une mousseline, en exprimant les débris de la tête du pavot.

Lotion contre les rougeurs persistantes.

Les personnes qui ont la peau délicate sont incommodées par des rougeurs ou de petites éruptions de printemps. L'emploi de la lotion suivante, pratiquée deux fois par jour, donne des résultats merveilleux :

Jus de cresson filtré	50 grammes.
Alcool	50 —
Essence d'amandes amères. . .	10 gouttes.

Compère Loriot.

Tout le monde sait que le bobo désigné sous le nom assez bizarre de « Compère Loriot », est un petit bouton qui se développe sur le bord de la paupière.

Pour s'en débarrasser, il faut bassiner celle-ci avec de l'eau de guimauve et y mettre, le soir, un petit cataplasme chaud de farine de riz ou de mie de pain et de lait ; il est nécessaire de suivre un régiment adoucissant et de purger doucement.

Traces de variole.

Bien que je ne veuille pas empiéter sur le domaine des médecins, je crois, néanmoins, devoir indiquer à mes lectrices un moyen d'empêcher les gros boutons de variole de laisser des traces sur le visage.

Il faut percer la tête du bouton avec une aiguille, le presser légèrement et appliquer dessus un petit emplâtre composé d'amidon et d'onguent napolitain (onguent mercuriel doré).

Pommade camphrée.

L'usage de la pommade camphrée est devenu universel ; elle est si facile à préparer que je crois devoir en donner la recette.

Faites fondre 100 grammes d'axonge au bain-marie ; incorporez-y tout doucement 30 grammes de camphre en poudre, en agitant le mélange jusqu'à complet refroidissement, et conservez dans un pot couvert.

Gargarisme contre l'enrouement.

Décoction de guimauve	60	grammes.
— de figues	60	—
Lait	30	—

Pour avoir la voix claire.

On sait que, pour se rendre la voix claire, les chanteurs avalent des œufs crus.

L'eau de poireau est bien plus efficace encore, paraît-il. C'est Jean de Paris qui le prétend, du moins ; cette recette lui vient de.... Néron.

Elle a pour elle l'antiquité ; c'est déjà quelque chose !

Un nouveau remède contre les rides.

Voici un remède qui sera sans doute le bienvenu pour beaucoup de personnes.

C'est une application nouvelle des propriétés de la *Lanoline*, graisse que l'on retire de la laine des moutons et qui, une fois bien épurée, sert à préparer des pommades.

Si l'on fait une lotion avec la *Lanoline*, celle-ci passe rapidement à travers l'épiderme, absorbée par les pores de la peau, et vient nourrir le tissu sous-jacent, en adoucissant et enlevant les plis et les rides causés par l'amaigrissement qu'amène toujours l'âge.

Lotion contre le clignement des yeux chez les myopes.

(Macario.)

Eau de fontaine.	200	grammes.
Sel de cuisine.	40	—
Cognac.	25	—

Bassinez fréquemment les yeux.

FIN

TABLE DES MATIÈRES

Emile Colin. — Imprimerie de Lagny.

EMILE COLIN — IMP. DE LAGNY

www.ingramcontent.com/pod-product-compliance
Ingram Content Group UK Ltd.
Pitfield, Milton Keynes, MK11 3LW, UK
UKHW020550180726
13838UKWH00001B/155

9 782329 310138